向内归因

超越原生家庭　重构生命秩序

沐　晨◎著

中国轻工业出版社

声明

为保护咨询者和受访者的隐私，本书中涉及的所有人名都为化名，故事和经历都经过作者的艺术加工，如有雷同，实属巧合。

序一

“此生能得遇一良师，是人生最奢华的礼物！”

不惑之年的我，每每想起沐晨老师的这句醍醐之音，时常会被感动到热泪盈眶。能够见证并参与沐晨老师新书《向内归因：超越原生家庭 重构生命秩序》的出版，我感到无比荣幸与喜悦。自1999年与沐晨老师结缘，至今已有二十五个春秋。

沐晨老师的人格特质，令人敬仰。她以无分别之心，平等对待每一个人，无论贫富贵贱，皆以喜悦与自在之心相待，让人如沐春风。她如同一位高明的医者，精准洞察每个人生命中的卡点，以智慧为刃，破除障碍，带来希望与光明。更令我钦佩的是，她拥有不竭的学习力，不仅在专业领域深耕细作，更广泛涉猎各种知识，为我们这些学生提供了无尽的智慧源泉。

我与沐晨老师的深入接触，始于2012年。那时，我正经历人生的低谷，因我的傲慢与盲目乐观，导致我投资失败，不仅搭上了自己的所有积蓄，还欠下了3000万的巨额债务。我像个没了家的孩子，瞬间一无所有。在我感到绝望时，我走进了沐晨老师《生命唤醒》的课堂，跟着老师学习。在老师不断地开导和鼓励下，我很快重新振作起来。

十二年来，我紧随老师的步伐，走过了近二十个城市，见证了无数家庭因她的智慧而重获幸福。2022年，我们这些跟随老师学习十年以上的学生聚在一起，决定共同推广老师的学问与智慧，让更多人受益。于是，我荣幸地被选为心往心理的CEO，肩负起这一神圣使命。

从此，我日夜兼程，为中国5亿家庭的幸福不断地寻找答案，也希望老师能够培养出更多的家庭教育指导师和心理咨询师。一路走来，我们得到了无数志愿者的支持。正所谓："德不孤，必有邻。"它不仅仅是一本书，更是一盏指引我们走出原生家庭困境的明灯。在快节奏与高强度的现代生活中，人们渴望找到内心的平衡与和谐。原生家庭对于个人成长而言，其影响深远而复杂。原生家庭犹如一把双刃剑，深刻影响着个人成长与家庭幸福。

在追寻个人成长与家庭幸福的征程中，向内归因无疑是核心要素。此书仿若璀璨星辰，为突破原生家庭的重重困境指引方向。它启迪我们告别一味推诿于外界的思维定式，转而深入内心进行深刻的自我审视。尽管原生家庭的影响力不容小觑，但凭借书中的深邃智慧，我们得以深度挖掘自身信念及行为模式的内在根源。借助向内归因，有力挣脱原生家庭衍生的性格桎梏、关系羁绊与情绪阴霾，重塑全新自我，构筑更为健全的心理状态与和睦的人际关系，从而推开超越原生家庭、主宰自我命运的全新大门。

在结识沐晨老师之前，我曾深受原生家庭创伤的困扰。8岁丧母，13岁首次辍学，15岁离家出走，累计辍学三次。这些经历致使我的性格陷入矛盾与混乱，既自卑又盲目自信，好高骛远且自以为是，时而讨好迎合，时而妄图控制他人。幸得沐晨老师十数载的悉心引领，如今我已能够敏锐觉察自身情绪。在沐晨老师的指导下，我时刻自省心念与言语，力求为他人带去希望、爱与温和喜悦。经沐晨老师疗愈，我逐渐洞悉原生家庭创伤对自己的影响，往昔莫名发火的状况已不复存在，如今能清晰洞察情绪。这本书中的诸多案例都有我的影子，期望它能为大家创造无尽价值。

《向内归因：超越原生家庭 重构生命秩序》这本书契合了当下时代的需求。在快节奏与高强度的现代生活中，人们不断地在失去中找寻着迷失的自我。如今，5亿家庭都在期盼能有一种和谐的生活方式，消除内耗、引领家庭走向幸福，这本书顺势而生。

我满怀荣幸，得以率先领略沐晨老师这部即将展露璀璨光辉之作的魅力。此书蕴含着别具一格且意义非凡的价值与亮点。

其一，其内容深广兼具。书中呈现了沐晨老师亲力亲为疗愈过的生动鲜活个案，取材真实可信，与现实生活紧密相连，毫无疏离之感。

其二，书中所授方法极具实践意义。各个案例各具精妙之处，或许这个案例能够深深触动你的心弦，又或许那个案例将会为你带来豁然开朗的启发，总归能借助他人的经历故事来抚慰治愈自身的心灵创伤。

其三，所集案例极具启迪之效。我细细品读之后，由衷觉得其切实可行、值得信赖且成效显著，不禁心潮澎湃，衍生出诸多深邃悠远的思索。这本新书必定能够成为读者们获取宝贵经验与智慧的优质源泉。

我相信，这本书一定能引导读者审视自我，打破原生家庭造成的性格局限，重塑健康人格，改善不良关系模式，助力建立和谐人际关系。还可让读者有效觉察、管理情绪，减少因创伤引发的负面情绪，以平和心态应对压力挫折。

在此，我诚挚地向广大读者推荐这本书。愿你们在阅读中汲取智慧与力量，实现内心的成长与超越，构建充满爱与希望的内在世界。

王震

心往心理创始人

序二

这本书对我而言，犹如一位充满智慧的挚友，在不经意间引领我踏上了一段深刻而难忘的心灵探索之旅。它不仅仅是一纸一墨的简单堆砌，更像是一位无声却拥有无尽力量的导师，引领我一步步走近自己，深入探索内心的奥秘。

回想起初次阅读这本书的那一刻，书中的每一个字、每一个案例都仿佛拥有魔力，勾起了我往昔的回忆与思索。书中对人性复杂多面的细腻描绘，以及对生活中种种困境根源的深刻剖析，如同一把钥匙，精准地打开了我内心深处那扇紧闭的门扉。我仿佛被带入了一个时空隧道，重新置身于那些曾经充满挑战与困惑的时刻，看到了那个在生活的迷宫中迷失方向、四处碰壁的自己。

曾经的我，面对工作中的压力和挫折，总是习惯性地抱怨外界环境的苛刻，却从未深入思考过自己在其中所扮演的角色。在人际交往中，一旦遇到问题，我也总是急于将责任归咎于他人，而忽视了自身行为和态度可能带来的影响。这种片面的认知方式，让我陷入了一个无法逃脱的恶性循环，无法实现真正的自我成长和突破。

然而，当我深入阅读这本书，对人性弱点和思维局限的深入挖掘如同一场及时雨，猛烈地冲击着我固有的观念和认知模式。我开始重新审视自己的内心世界，意识到每个人的行为和选择都并非偶然，而是受到潜意识、成长经历以及价值观等多种因素的共同作用。我们所看到的世界，往往是我们内心的投射。这种深刻的觉醒，如同破晓的曙光，穿透了心灵的迷雾，让我逐渐明白，只有勇敢地面对自己内心的不足，积极主动地改变自己的思维方式和行为习惯，才能够真正走出困境，实现人生的蜕变。

在阅读的过程中，我仿佛置身于一座巨大而明亮的镜子迷宫中，周围无数面镜子映照出我在不同关系中的真实模样。我看到了自己在亲密关系中的挑剔与自私，看到了与朋友相处时的胆怯与逃避。这些曾经被我忽视或逃避的问题，此刻如同一面面清晰的镜子，无情地揭示出我的不足，让我感到羞愧和懊悔。然而，正是这种直面内心的痛苦过程，赋予了我重新塑造自我的勇气和力量。我下定决心，要用宽容、理解和真诚去对待身边的每一个人，努力成为一个更好的伴侣、朋友和亲人。

曾经的我，如同大多数人一样，在喧嚣的尘世中追逐着功名利禄，将物质的追求视为生命的终极目标，却在忙碌中迷失了自我，忽略了内心真正的渴望和需求。然而，这本书如同一盏明灯，照亮了我内心深处那片被遗忘的角落，让我明白生命的意义不仅在于外在的成就和荣耀，更在于内心的觉醒、成长以及对爱与美好的不懈追求。每一个平凡日子里的微小瞬间，都蕴含着生命的奇迹和意义，我们需要用心去感受、去体验、去珍惜。

书中沐晨老师的心理疗愈案例，如同一部部震撼人心的生命交响曲，生动地在我眼前奏响。这些案例让我深刻认识到人性的坚韧和勇气，也让我对未来充满了希望。我决心直面内心的恐惧，勇敢地迈出改变的步伐，创造出属于自己的幸福生活。

一年很长，长到足以让每一次与沐晨老师的交流都化作心灵深处的一颗明珠；一年又很短，短到仿佛只是与沐晨老师在智慧花园中短暂漫步。跟着沐晨老师一年多的学习，让我脱去曾经的傲慢、偏见和自满，不是不想改，而是不自知。我曾在职场上遇到一件让我很难过的事，那时我难过中夹杂着愤怒，负面情绪抑制了我的理智，觉得一切的问题都是别人造成的，我好几天都被情绪所牵制，迟迟走不出来。无意中，沐晨老师发现了，她对我说了两句话："凡事发生，必是恩典"。我瞬间泪崩，意识到了自己的狭隘。沐晨老师又送了我一句话："求你将我的心完全破碎，好让我拥有整个世界"，这句话就像一道彩虹，瞬间使我心灵开悟，嘴角上扬，我放不下的终将会放下，带着觉知去觉醒，我不知道如何形容那种发自内心的触动，就像是一种层层包裹让我喘不过气来，即将窒息后又重获新生。

在当今社会，快节奏的生活和巨大的压力使得人们的心理健康问题日益凸显，心理健康行业也应运而生并逐渐发展壮大，随着心理亚健康问题逐渐低龄化，让我有了一种更深的使命感，因为心理健康行业不仅仅是提供心理咨询服务，而是传递一种积极的生活态度和健康的生活方式。通过这本书也让我意识到，心理健康行业的发展需要全社会的共同关注和参与。无论是专业的心理工作者、教育机构，还是普通大众，都在这个行业的发展中扮演着重要的角色。我们需要共同努力，消除对心理健康问题的偏见和误解，营造一个有利于解决心理健康的社会环境。

基于这本书和沐晨老师的智慧，我深刻地认识到自己在心理健康行业中的使命和价值。我希望能够成为一名心理健康的传播者，将书中所学到的知识和智慧传递给更多的人，让他们也能从中受益。在日常工作中，我希望能够运用所学，参与到心理健康教育普及工作中，帮助更多的人预防心理问题的发生。我相信，每一个人的内心都蕴含着强大的力量，而我的使命就是帮助他们找到并释放这种力量，重新拥抱美好的生活。

在这本书的滋养和启发下，我开始静下心来倾听内心深处那最真实、最纯粹的声音。我悉心关注自己情绪的每一丝波动，不再任由负面情绪肆意蔓延。每当情绪涌起时，我以平和、接纳的心态去面对它们，深入探寻情绪背后隐藏的需求和渴望。我仿佛变成了一位勇敢的探险家，在内心的广袤世界中执着地寻觅那些被遗忘或压抑的角落，努力挖掘自己内在的智慧和力量。

愿每一个翻开这本书的人，都能在其中找到属于自己的心灵慰藉和成长力量。愿我们都能勇敢地踏上属于自己的生命觉醒之旅，共同书写属于我们的精彩篇章。

曹颖

自序

我做教育和心理疗愈工作已经整整二十年，为了体悟更多的生命真相，更深刻地理解生命的本质，我曾绕过小半个地球，从几十万生命画像中走过。一直想给自己和热爱生命的朋友们留下点文字，也不枉我在世间每一段丰盈的体验。

直到有一天，我看到印度教育学者葛印卡老师的一句话："向内观察身心实相，安详面对生命起伏"，内心豁然开朗——"向内归因"，这不正是我这二十年带着深度的觉知所经由的路吗？！

多年前，中国科学院的一位物理学家曾在不经意间对我说过一句话："母爱是孩子出生时母亲的高频振动！"当时的我被震撼到泪流满面。尽管当时的我一知半解，但仿佛在瞬间为女性的伟大、生命的浩瀚，家庭的序位，心灵的疗愈找到了本源的归口，加剧了我对原生家庭、向内归因书籍的创作热情。

近十年来，"原生家庭"的书仿佛在一夜之间带着某种特殊的使命，纷纷出现在茫茫的书海中。当然，原生家庭这个词也更是无数来访者和心理咨询师"笔诛口伐"的焦点。人人都好像突然为自己的困厄、斑驳的人生找到了一个名正言顺的理由，于是在短暂的哭泣和安宁后，继续踏上了下一段无知、迷茫的旅程……

综观地球上人类文化的演变与发展，从初始的"原始"到今日的"文明"，现在世上的人们都在享受多元的文明所带来的好处，且欲罢不能。每个人都习惯于向外探求，不愿意花点时间去探寻自己内在的心灵。

然而，由于人性的贪婪，人类在享受文明果实的同时，也面临着无法超越的精神困厄。人们很容易地感受到：在政治、权贵、财富的迷失中，却充满了因贪婪、执着而带来的心灵灾难。正如诺贝尔和平奖获得者特蕾莎修女说过的一段话：“我们以为贫穷就是饥饿、衣不蔽体和没有房屋，然而最大的贫穷却是不被需要、没有爱和不被关心。末后的时代，物质的丰富，无法掩盖精神的贫穷；光鲜的外表，无法隐藏心灵的虚空；社会的进步，无法修饰爱心的冷漠。心若没有归处，到哪里都是流浪!”

老子在《道德经》里说：“信言不美，美言不信。”我们都习惯于向外攀缘，犹如在滚滚的洪流中，看不清河里的沙石，非得到缓流的地方，河水变得清澈了，我们才能看清河里的沙石和树枝。

向内归因好比是一台外科手术，需要切开伤口，撕破脓包，挤压伤口，除去脓液……唯有如此，方能向内归因，向外生长，迎来新生。

向内归因——是生命探索旅途中至关重要的路，它引领我们走向清净、克服愁苦，祛除痛苦，实践真理，看见真相，体悟智慧。

向内归因，正恰如王阳明在《传习录》中的哲思：“你未看此花时，此花与汝心同归于寂；你来看此花时，则此花颜色一时明白起来，便知此花不在你的心外。”

人类最佳的善行，就是去成为自己心的主人，而非心的奴隶。

人世间一切问题的和解，都需要经由一段奇妙的发现，那就是：

从看见到认识，从认识到面对；

从面对到和解，从和解到超越。

这本《向内归因：超越原生家庭 重构生命秩序》凝聚了我二十年支持数十万家庭生命觉醒的心血与智慧。为了方便阅读，我把书分成了四个部分。

第一部分：了解生命密码，认识原生家庭；

第二部分：拨开迷雾，面对原生家庭；

第三部分：向内归因，与原生家庭和解；

第四部分：向外生长，成为更好的自己。

这是一场关于爱的回归之旅，让我们共同成为爱的使者，回归爱的本源。

我们都是自己心灵的捕手，二十年的守望，只为与你相遇，让我们都有能力活在爱的指引下。

心向往之，行必能至；

向内归因，让我们一起遇见更好的自己!

目录

第一部分

了解生命密码，认识原生家庭

第二部分

拨开迷雾，面对原生家庭

第三部分

向内归因，与原生家庭和解

第四部分

向外生长，成为更好的自己

附　录

后　记

第一部分

了解生命密码，认识原生家庭

第1章

令人震惊的9500万

和睦的家庭空气是世上的一种花朵，没有东西比它更温柔，没有东西比它更优美，没有东西比它更适宜于把一家人的天性培养得坚强、正直。

——西奥多·德莱塞

美国现代小说代表作家

二三年前，我的一位学员给我讲了这样一个故事。

有位母亲叫张华，她培养了一个特别优秀的女儿小萍。小萍从小学到高中毕业前，成绩在学校都是名列前茅，几乎没有考出年级前三名。

张华对孩子特别严厉，如果女儿没有考进年级前三名，她就让女儿跪着面壁思过，还不给饭吃。

开始的时候，小萍会哭泣，会反抗。到了初中时，小萍已经不用妈妈催促，每次成绩不理想了，她回家会主动跪下来，不吃不喝。

小萍是一个成绩如此优异的孩子，老师们都说她一定可以考上清华、北大。妈妈张华听了很开心，就盘算着是上清华还是北大，连专业都提前选好了。

但是，不幸的事情在高考时发生了——小萍坐在考场里，由于太紧张，没有办法集中精力答题，结果考砸了。

高考成绩公布后，小萍勉强过了普通本科分数线，她想再复读一年，妈妈张华没有同意，于是她去了一所普通大学就读。

大二时，小萍在宿舍里已经非常不合群，她的精神也出了问题，不得不辍学回家。回家后，小萍一直躲在屋子里，把自己封闭起来，后来还进了精神病院。

孩子精神出问题，表面上看是因为成绩落差太大，自信心受到了打击。但是仔细分析，是这位妈妈犯了错，家庭多年来的高压政策给女儿造成了很大的精神压力，使得女儿高考发挥失常，最后心理也出现了严重问题。

家，原本应该是温暖的“避风港”，为什么会变成逼人发疯的“角斗场”呢？

我们小时候，都读过大文豪鲁迅先生的文章。他有一篇非常著名的短篇白话文小说《药》，书中描述了一个令人印象深刻的画面——老百姓们在观看革命党被砍头“示众”时表情麻木，而在人头落地后一拥而上，用馒头蘸人血入“药”。这样一个疯抢人血的场面，不禁让我回想起100多年前，中国处于一个非常愚昧的时期，那时社会出现了很多生命状态非常迷茫的人。那么，100多年后的今天，中国还有多少这种状态的人呢？

我的外公是一位革命老战士，解放战争中的三大主要战役，他参加了两场，他的身体有多处打仗时留下的伤痕，甚至还有一颗子弹从他的身体里穿过。老人家把他的青春都奉献在硝烟弥漫的战场，把他的一生都奉献给新中国的建设，每次外公讲述这段历史时，脸上都洋溢着幸福的微笑。

我们作为在和平年代成长起来的一代年轻人，享受着国家祥和所带来的红利，幸福指数按道理应该更高，可是为什么我们没有那些经过艰苦岁月的过来人的微笑呢？当今社会出现心理问题的人为什么会越来越多呢？

2022年6月份，人民日报发布的《2022年国民抑郁症蓝皮书》中有一组数据特别引人深思，让我看完触目惊心：中国居然有高达9500万的心理疾病患者。也就是说，我们身边大约平均每14个人中就有一人患有抑郁症。

你是不是这14个人中的一个呢？

你是否正在承受着焦虑的痛苦呢？

你的焦虑主要来自哪些方面？工作、孩子教育、夫妻情感还是人生方向？

在9500万抑郁症患者中，有一半是校园里的孩子，包括大学生、高中生、初中生甚至小学生。我们每天关注着孩子的身体健康，关注着孩子的考试成绩，但是我们有没有真正关心孩子每天是否幸福快乐？有没有关心孩子内心是否还有力量？

更加令人震惊的是，这9500万患者中，只有30%的人选择在医院就医或者找专业的心理咨询师进行治疗。其余70%的患者完全没有看过病，他们中很大一部分人认为患上抑郁症是一件很丢人、很可怕的事情，是一件这个世界上没有人能够理解的事情，所以，他们会选择困在自己的世界里，独自承受这一切，甚至在幽怨中走到生命的尽头。

为什么这么多人会患上心理疾病？

通俗来讲，心理问题是由先天遗传、后天身心发展和生活环境等多个因素共同作用而形成的。原生家庭对心理疾病的产生有着非常大的影响。

如何判断自己或者身边的人得了抑郁症呢？

我告诉大家一个简单的判断方法。如果在你的生活中，过去两周没有一件事情能够让你轻松快乐起来，你总是郁郁寡欢，或者特别痛苦，特别悲伤，那可能你的心里已经潜伏了抑郁的种子。

如果这种状况长达一个月以上，生活中基本没有让你轻松快乐的事情，那你离抑郁就已经不远了。严重抑郁的人，身体还会出现各种症状，比如莫名的抽搐，情绪的失控，出现幻听、幻视等，这些都是已经抑郁很久的症状。

另外，关于原生家庭的理解，我们还有几个误区。

误区一：自我感觉良好，认为自己的心理没有问题，没有必要去深入了解原生家庭。

中国有句古话：无知者无畏。当我们没有深入地走进原生家庭深处时，可能会盲目武断地下定义、做判断，这个时候，不妨去了解一下，几乎每个人都会被原生家庭所影响。正确认识原生家庭，别让它束缚了我们的精彩人生。

误区二：所有的坏事，都让原生家庭来背锅。事业不顺、婚姻不顺、家庭不顺都是原生家庭惹的祸。

原生家庭对一个人的影响非常大，这是不可否认的事实，对此，心理学家和社会学家有着大量详实的数据作为科学依据。但有些人把自己所有的不如意都归罪于原生家庭，这是非常荒谬且不合理的。

俗话说："龙生九子，各有不同。"即使同一个原生家庭出来的孩子，也会因为基因、性格、经历等方面的差异，而选择不同的成长道路，成为不一样的人。

一位美国的心理学家曾经跟踪过这样一个家庭作为观察对象：父亲酗酒家暴，母亲早逝，家里有两个孩子。长大后，一个孩子成为了知名律师，家庭幸福美满；另一个孩子却成为和父亲一样酗酒家暴、事业一无所成的人。

当问及对他们成长过程影响最大的人和事时，心理学家发现兄弟二人都谈到了自己的父亲，且都说过同一句话：谁让我有这样一个父亲呢？

不同的是，他们给出了截然相反的解释。成为律师的儿子的解释是：

因为我有一个这样的父亲，只能自己努力改变自己的命运，长大后不再成为和父亲一样的人。而酗酒家暴儿子的解释是：有这样的父亲，我能有什么办法呢？我只能选择躺平做一条“咸鱼”。

由此可见，即使是同一个家庭出来的人，也会成为完全不一样的人，过着完全不同的生活。

我们回顾原生家庭，不是为了去声讨我们的原生家庭，也不是为了去声讨我们的父母。

我们的目的是回顾、是看见。

只有我们面对，才能真正地看见；

只有看见，我们才有可能和解；

只有和解，我们才能真正地放下。

误区三：原生家庭只是女性的专利，男性不用去关注。

关注原生家庭不是女性的专利，不是只有女性才需要关注原生家庭，很多的男性更应该去了解和面对原生家庭。因为婚姻是两个人的事情，教育孩子也是两个人的事情。

社会上有这样一种世俗的观念：男人负责在外赚钱养家，女人负责在家带娃。这种情况非常容易形成“丧偶式教育”。丧偶式教育会给孩子带来不好的影响，所以，我会在这本书里，给大家深刻地剖析丧偶式教育会对家里的孩子产生多么深远的影响。

误区四：向内归因，就是要去声讨原生家庭的“恶”。

再次重申，关注原生家庭不是为了声讨父母，声讨原生家庭。在这个世界上，很多人都没有圆满的原生家庭，多多少少都有遗憾，只是受伤的程度不同而已。所以，我们要去回顾，去看见，因为只有如此，我们才能真正与自己和解，才能遇到一个更加圆满幸福的自己。

我们关注原生家庭，是为了让我们能从环境中看见自己的性格密码和原生家庭的模式。

原生家庭为什么重要？因为夫妻关系其实就是我们原生家庭的放大。很多人谈恋爱，看似是自由恋爱，最后发现自己娶的或嫁的往往都是自己的原生家庭。

夫妻关系是什么呢？夫妻关系就是原生家庭亲子关系的放大，就是你与父母关系的放大，可以理解为你与父母关系的延续。

如果我们的原生家庭亲子关系不是非常的和谐，那婚姻关系也会遇到很多的障碍和问题，亲子关系也会遇到很多的障碍和问题，所以我们需要去还原原生家庭的真相。

在我国五千年的中华文化中，“孝道”始终贯穿其中。自古以来，我们所接受的教育不允许我们否定父母的想法。“不管怎么样，父母都是为你好”，这句话应该是我们都非常熟悉的，但这句话真的是对的吗？

在很多家庭教育中，父母会对孩子实施特别残酷的家暴。当孩子不理解，提出质疑时，我们的家人、我们的老师，甚至我们的长辈都会轻描淡写地跟孩子说：**“不管怎么样，父母都是为你好。”这句话简直是世界上最大的谎言，最大的遮羞布。**

因为，在原生家庭出现的各种家暴行为，无论出于什么原因，都不能算是爱，那只是父母缺少处理好自己情绪的能力。

什么是真正的爱？真正的爱应该是一种美妙的感受、幸福的感受、不求回报的感受，而要挟、控制、威胁、恐吓，这些都不是爱。

著名教育家克里希那穆提认为，恐惧不是爱，依赖不是爱，嫉妒不是爱，占有控制不是爱，责任义务不是爱。大家有没有感受到？我们每天可能都在用这些“不是爱”的词鼓吹着自己有多么多么地爱孩子，我们不断地羞辱他、指责他、要挟他、恐吓他，甚至不断地家暴他。我们告诉孩子，这就是爱，爱就应该是这样的。

现在想一想，当我们满脸狰狞地面对孩子时，那个时候还有爱吗？我们为什么会这样对待自己的孩子呢？因为我们自己就是在这样的环境中长大的。

如果我们小时候经常挨打，不管什么原因，当时都是在遭受一种暴力，这种暴力叫“肢体暴力”。如果我们在后来成长的过程中，这种心理没有得到疗愈，十有八九，在有了孩子以后，也会用同样的方式去对待自己的孩子。因为我们被父母教导了这样一个沟通方式：你不听话，我就打你，打了就老实了，打了就听话了。所以，我们会在潜意识中用这种简单粗暴的方式对待自己的孩子，打完之后，还会告诉他，妈妈爱你，爸爸爱你，所以才会这样打你。

“棍棒底下出孝子”是中国千百年来流传的一句话，20世纪60、70年代，挨打的孩子很多，可那个时候抑郁的孩子非常少，很少听到一个孩子因为抑郁而自杀的。现在父母不打不骂了，出现心理问题的孩子反而越来越多了，这是为什么呢？

这是因为我们的社会文明在发生变革，这个世界越来越倡导自由，信息量越来越大，孩子的心理承受能力变弱了，孩子的自主意识增强，没有地方释放，也不知道如何表达，久而久之，就容易抑郁。

这个时候，我们不打他，孩子可能还抑郁呢。如果我们再用这样激烈的方式与孩子发生冲突，他出现心理问题的可能性就会更大。所以，孩子出现这种情况，我们家长应该积极、乐观、耐心地引导和陪伴。

你有没有受到原生家庭的影响？原生家庭对你有没有伤害？我会在某些章节为大家准备几个问题，帮助大家理解此书。

有些问题可能会让你焦虑甚至暴躁，没有关系，我们只有面对问题，才能解决问题。

1. 在你童年时，父母是否经常无缘由地打骂你？

2. 在你童年时，父母是否经常拿你和别的更好的孩子比较，并表现出很失望？

3. 在你童年时，父母经常因为一点儿小事吵个不停，现在一方还会不断唠叨另一方的过错？

4. 长大后，你是否觉得不够自信，甚至有些自卑？即使在父母那里也得不到认可。

5. 长大后，你还是觉得没有安全感，无法与别人建立亲近的关系。

6. 你总是处于一种焦虑的精神状态，什么事情都没办法让你彻底放松下来。

7. 即使过年，你也不想回到父母身边，因为会有不好的感觉再次涌上心头。

8. 所有的大事情，我自己都拿不定主意，一定要让父母给我做主，我才心安。

9. 相信“棍棒底下出孝子”这句话，认为需要对孩子使用必要的暴力手段。

10. 觉得孩子一定是你上辈子的仇人，这辈子是来报复你的。

以上问题中，如果有3道以上的问题，你都做出了肯定的回答，说明原生家庭对你的影响很大，也许你确实需要相关的帮助。

第2章

“有毒”的父母，不幸的孩子

还有什么比父母心中蕴藏着的情感更为神圣的呢？父母的心，是最仁慈的法官，是最贴心的朋友，是爱的太阳，它的光焰照耀、温暖着凝聚在我们心灵深处的意向！

——马克·吐温

美国作家、演说家

俗话说“百善孝为先”，中华民族自古以来就是一个讲究品德教育和文化修养的民族，其中的孝悌文化也已绵延了几千年。以孝立国，以孝修身，以孝道教化天下的优良传统，一直是中华文化中不可或缺的组成部分，并延续至今。

“父母在，人生尚有来处；父母去，人生只剩归途。”父母带我们来到这个世界，给予我们生命，他们竭尽全力、含辛茹苦地养育我们长大成人，就是希望我们在未来的人生道路上不要像他们一样辛苦，希望我们可以生活富足、幸福快乐。作为儿女，我们应该尽自己的能力，孝顺父母。王祥卧冰求鲤、吴猛恣蚊饱血等“二十四孝”故事，千百年来感动着无数国人，中华民族的“孝”精神传承至今。

进入新时期，时代的变化不仅改变了我们的生活方式，也让我们对“孝”的理解在不断地迭代。

现在，我们习惯把对父母的孝分为四重境界：分别是身、心、愿、慧。

第一重境界：孝敬父母之身

让父母吃得饱、穿得暖、行得安全、住得舒心，这是最基本的孝敬。

第二重境界：孝敬父母之心

要走进父母的内心世界，了解他们的想法。自己的言行要让父母安心，努力让父母为自己感到骄傲、自豪。

第三重境界：孝敬父母之愿

就是竭尽所能，完成父母的心愿，哪怕是坐一次飞机，看一次大海，拜访一次老友。

第四重境界：孝敬父母之慧

就是耐心帮助父母接触新鲜事物、增长智慧，比如教会父母使用智能手机，让父母与时代同频，共同感受外面世界的精彩等。

在儒家思想看来，在这四重境界以外，还有一层更高的境界。这层境界，叫“色难”。

何为色难？这个词出自《论语·为政》。有一天，孔子的学生子夏问孔子，什么是孝？孔子说：“有了事情，儿女替父母去做；有了可口的饭菜，让父母先吃。这样就被称为孝顺了吗？不，侍奉父母时，最难做到的孝顺是对父母和颜悦色。”

这个“色难”就是指，我们对待父母，任何时候，任何情况，都要和颜悦色。父母骂我们，指责我们，我们要和颜悦色地接受。即使父母打我们，我们也要和颜悦色地接受。否则，就是不孝顺。

这种在中国流传几千年，上到君王，下到黎民百姓都要遵从的儒家孝悌文化，在现在看来，年轻人可能没法接受。因为社会在不断地发展进步，年轻人接受的文化教育也多元化了，00后一代受到自由、平等、和谐思想的影响较深，他们不认同“色难”，认为任何时候面对父母都要无条件的“和颜悦色”是一种“愚孝”，是一种以孝道为借口的道德绑架。于是在现代家庭教育中就会出现两种文化的冲突，一方面，父母一辈沿袭着“父为子纲”的中国儒家伦理文化教育；而另一方面，孩子则追求平等和自由。这个时候，父母如果对待孩子只采取简单粗暴的方式，不仅不能解决问题，反而会激化矛盾，把孩子逼上极端。

现在的很多青少年真的特别脆弱，给大家分享一个三年前我进行疗愈的真实案例。

一个上初中的孩子在学校偷拿了其他同学的钱，老师发现后，把孩子叫到办公室谈话，孩子央求老师不要告诉家长。结果，这位老师刚刚批评完孩子，转头就打电话告诉了他妈妈。孩子妈妈很生气，在电话里没忍住怒火，不仅骂了孩子足足15分钟，还要马上赶到学校，把孩子带回家再收拾一顿。结果妈妈还没赶过去就接到学校电话，说孩子从教学楼三楼跳下来，当场死了。孩子妈妈后来每次讲到这一段，都会不停地呜咽：“都是我的错，都是我的错，是我害了他，是我害了他……”

这样的悲剧为什么会发生呢？

面对孩子的调皮，你是否会发火？
面对孩子的犯错，你是否有暴力冲动，有那么一刻想动手？

我告诉你，以上所有的问题，答案都是一个。这种想法不是来自你的一时冲动，它是与生俱来的，是刻在你的遗传基因里的，它来自你的原生家庭。幸福的家庭都是相似的，不幸的家庭，各有各的不幸。很多不幸的家庭就是由有毒的父母构建的。也许，你的父母就是有毒的父母。

有毒的父母是美国心理学家苏珊·福沃德提出来的。我认为，有毒的父母有3个特征，只要具有其中一点，就足以影响孩子一生。

第1个特征：对孩子过度的控制

孩子年幼时需要父母的看管和保护，这时候父母的控制是必要也是合适的。可是如果父母一直控制孩子，不放手让他过自己的生活，那原本适度的控制就成了过度的控制。这类家庭的孩子会觉得自己很无能从而变得胆小懦弱，毫无主见，做什么事都依赖家长的意见，长大后会成为现实社会的“巨婴”。

第2个特征：对孩子进行身体上的虐待

这类父母会因为孩子做错事情而对他们进行身体方面的虐待，也会因为自己工作的不顺、家庭的压力，主动对孩子施暴。他们并不认为这是一种错误，因为他们觉得：棍棒底下出孝子，父母小时候就是这样对自己的，别人家的孩子都这样打过，现在还不是一样出人头地？于是，他们就一而再再而三地对孩子动手。虽然他们心里还是爱孩子的，但是他们的行为，对孩子们造成了不良的影响。

1974年11月13日，在纽约长岛地区发生了一起惨绝人寰的灭门案，笛福夫妇和他们的四个孩子一夜间被枪杀。经过警方调查发现，凶手竟是笛福家“幸存”下来的大儿子小罗纳德·笛福，而犯罪原因竟是因为老笛福对孩子们极强的控制欲。从小到大，孩子们稍有违逆父亲意愿的行为，就会遭到父亲的一顿毒打。小罗纳德·笛福因为长期遭受父亲的虐待，心理变得扭曲，从而犯下令人发指的罪行。

2021年10月，《中华人民共和国家庭教育促进法》正式发布，法案中明确提出，未成年人的父母或者其他监护人在实施家庭教育过程中，不得对未成年人有性别、身体状况等歧视，不得有任何形式的家庭暴力。这给很多对孩子有暴力倾向的家长敲响了警钟，如果今后再对孩子实施家暴，不但会面临社会舆论的谴责，还会面临法律的审判。

打骂孩子不是你的权力，是你无能的表现。如果不爱，请别伤害。

还有一种人受原生家庭的影响，他会想着自己小时候总在挨打，以后自己当父母了，一定不打孩子。但是你发誓不打孩子，不代表你不骂他，不代表你不憎恨他，不代表你不对他冷暴力，不代表你不会采用其他极端方式对待他。不打孩子，并不意味着孩子不会受伤害，可能你换了另一种方式惩罚他。

第3个特征：对孩子在言语上进行虐待

每个孩子的童年都是在父母身边度过的。对于这个时期的孩子来说，父母是他们的一切，是他们的天，是他们的整个世界，父母的一举一动都影响着他们的成长。一句不经意的话，都可能让孩子记住一辈子。

有毒的父母，在言语上的虐待有以下几种表现。

第一种，让孩子产生罪恶感。

比起单纯的批评孩子，这类父母更愿意告诉孩子，他们的行为让父母感到失望。当孩子做错事时，适当的惩罚是必要的，但是让他们产生罪恶感却是不对的，这样会让孩子常常感到自责，从而做出伤害自己和他人的行为。父母的关心和爱护对于孩子的身心健康是必不可少的，为了让孩子感受到关爱，父母应该明确地把爱表现出来。

第二种，攻击孩子的失败和缺陷。

这类父母从来不夸奖孩子，在他们眼里，孩子什么都做不好。他们批评甚至嘲笑孩子，而这些嘲笑会在孩子的心中留下难以愈合的伤口，影响着他们未来的家庭生活甚至社会生活。因为缺少来自父母的鼓励，这类家庭走出来的孩子通常缺乏自信，觉得自己做什么都不行。他们会逐渐失去自信心和安全感，变得咄咄逼人，最后把自己孤立起来。

前面那个上初中的孩子从教学楼一跃而下的瞬间，他内心一定是绝望的。这种绝望，来自对父母的失望，对家暴的恐惧，也来自内心受到的多次伤害。

有毒的父母，影响深远

很多在单亲家庭长大的孩子看着爸爸或妈妈一个人把自己拉扯大，非常不容易，于是发誓：自己长大之后，无论未来面临何种困境与挑战，这辈子绝不离婚。他们认为，自己在离婚家庭中长大，创伤特别大。今后无论找一个什么样的伴侣，为了孩子，都绝对不能离婚。

然而调查发现，那些发誓不离婚的孩子，长大结婚后，离婚率往往更高。这叫什么呢？这叫负能量的量子纠缠。**量子纠缠**是物理学名词，2022年的诺贝尔物理学奖就与量子纠缠有关。

简单来说，量子纠缠是指在由多个粒子组成的系统中，两个相互影响的粒子即使在空间上把它们相互分开，它们仍然会相互影响。这种情况有点像我们常说的“心灵感应”，我们即使离开了原生家庭，不再相互接触，也仍然可以受到原生家庭的影响。那些抑郁症、强迫症、焦虑症等心理疾病，都是因为我们主动释放或者被动接受了不好的负能量的纠缠导致的。

还有一部分人，坚守婚姻死活都不离，但往往婚姻都特别的不幸福。我们发现，父母如果没有经营幸福婚姻的能力，孩子也不能从父母那里学到成功的经验，通常也经营不好婚姻，只能死扛着不幸的婚姻。死扛着不离，一是怕别人笑话，二是不想走父母的老路，但是他们过得比谁都苦。

如果父母不快乐，能养育出一个有快乐能力的孩子吗？
如果父母是幽怨的，能培养出一个充满正能量的孩子吗？

有些妈妈动不动就跟孩子说：

“如果不是因为你们姊妹几个，妈妈早就不活了。”

“如果不是因为你们几个，妈妈早就离婚了。”

“如果不是因为你们几个，妈妈早就不在这儿待了。”

如果你经常听到父母说这样的话，那么说明你的原生家庭就是有毒的家庭。

我小时候在农村生活过几年，身边就有很多这样的家庭。记得在老家院子背后，住着这样一对夫妻：男人非常重男轻女，老婆却一连生了四个女儿。男人特别沮丧，平时在家又打又骂。从这对夫妻结婚开始，就没有看到他们快乐过一天，从来没有见过他们像别的夫妻那样相处，亲密的动作压根没有，和颜悦色地交流都是奢望。夫妻俩一讲话，就吹胡子瞪眼，嗓门又大，几个孩子被呼来喝去，家里每天都发生着战争。

记得在老家生活的那几年，几乎每天都会被他们的吵架声惊醒。每天早上五六点，男人就会粗着嗓子把所有的孩子都叫起来，这些孩子当时还很小，大的不过八九岁，最小的老四才两三岁。不管孩子们多困，男人都要孩子们从床上爬起来。无论周末还是放假，都必须一大早就起来。

为什么男人要把孩子们都叫起来呢？因为他认为，父母已经在干活了，你们就不能歇着。

老家附近有一条很深的河，每次女人和男人吵完架后，就跟孩子们说要去跳河，几个孩子吓坏了，轮流抱着妈妈的大腿。一吵架，妈妈就要去跳河；一吵架，妈妈就要去跳河。结果女人河没有跳成，孩子们都有了心理阴影。以至于后来孩子们年龄都很大了，还会一直做噩梦，深陷在妈妈要去跳河的恐惧中。他们夫妻两人就是典型的有毒的父母。

后来他们家终于生了一个男孩，但仍然没有改变男人暴戾的性格。这4女1男5个孩子的婚姻都不幸福，一个完整的家庭都没有：大女儿结婚一年半后就离了婚；二女儿大龄单身，已经快40岁了；三女儿现在三十五六岁，也是单身，既不找对象，也不想结婚；四女儿现在也是单身；老五是儿子，结婚后生了一个儿子，不久就离婚了，现在也是单身。五个孩子都没有幸福的婚姻和家庭。

看看，这种原生家庭对孩子的影响多大啊。我们把这种家庭叫作有毒的家庭。父母如果没有能力去经营婚姻，也会把失败的模式传递给子女。

有毒的父母，毒害至深

这对夫妻的四个女儿有两个患有严重的抑郁症，其中，二女儿小芬曾经被送到精神病院，待过一年多的时间。小芬比我小两岁，是我小时候非常好的玩伴。记得在老家时，她常常来找我玩，她喜欢什么也不做，就是静静地坐在角落。小芬告诉我，她家天天在打架，要么爸妈在打架，要么姐姐弟弟们在打架，她一刻也不愿待在家里。直到她父母骂骂咧咧满世界找她时，她才恋恋不舍地回家。但只要父母不在家，她就会跑到我家躲起来。因为在唯一的朋友家，小芬才比较轻松、自在。

后来我离开了老家，听说小芬上了中学之后没有交到新朋友，仍然长期受到她父亲的恐吓。印象中，她父亲身高很高，接近一米八，形象其实挺好的，和电视剧《三国演义》里的吕布长得有点像，眼睛特别大，双眼皮，算是很帅的一个男人。但是他眼睛里经常充满血丝，目光凶狠，每天早上起床后，会轮流把五个孩子都看一遍，看完既不打你，也不骂你，就是一直瞪着你，一直目不转睛地瞪着你。几个孩子甚至会被爸爸吓哭，哭还不敢放开哭，只能憋着。

小芬在这种情况下，患上了抑郁症，变得沉默不语、忧郁寡欢，肾功能也因为抑郁症受到较大的影响，听力也严重下降。上初中二年级时，小芬耳朵就开始听不见了，反应也变得更加迟钝。小芬的家人以为她得了精神病，就把这个年仅15岁的孩子送到了精神病院。

后来我听老家邻居说，小芬被送到了精神病院，一下子变得心急如焚。因为我和她比较熟悉，知道她的精神方面一定是没有问题的。那个时候，我在外地上高中，好不容易熬到春节，就急匆匆地赶回老家，找到小芬的爸爸，央求他允许我去精神病院看望小芬。

当我终于站在精神病院的门口时，看到的情景让我终生难忘。高高的院墙围着一栋白色的二层小楼，墙皮大片大片地脱落，整个精神病院斑驳而简陋。我走进去，看到里边的景象时，我震惊了：每个房间里关着8个精神病人，有些目光呆滞、有些胡言乱语、有些乱打乱砸，所有人都戴着手铐脚镣。很难想象，小芬一个15岁的孩子，在这样的环境下是怎么坚持七八个月的。

小芬接到通知说有人来看她，但怎么也没想到会是我。一看到我，她就很激动地喊着我的名字，眼泪刷刷地流。她跪在办公室的门口，用戴着手铐的双手一个劲地作揖，央求我去跟她的父母沟通，接她回家。

我赶紧把小芬扶起来，她拉着我的胳膊，泪眼婆娑地说："同屋的其他7个人都是精神病人，我每天一睁开眼睛，就看到这些人瞪着眼睛盯着我。有时候甚至不知道为什么，她们就厮打在一起。"室友都是年轻力壮的成年人，精神病症状特别严重，他们走路就拖着脚镣手铐，一路走，一路响。这对一个十五六岁的女孩子而言，是多么恐怖的一件事情啊！

在小芬的不断哀求下，我赶回去跟小芬的父母沟通她在医院的真实情况，最终他们同意把小芬接回家。因为小芬的听力受损，导致很多行为受到了阻碍。经过我和她父母的反复沟通，他们终于答应带小芬到医院做检查。医院检查后才发现，小芬的两个耳朵都已经听不见了。治疗时，医生说，因为小芬受到父母的多年恐吓，她的肾脏系统和听力系统严重受损。我们知道，肾主恐（肾主管人的情志中的惊恐，也叫惊恐伤肾）。一旦肾受损，会在耳朵上最早出现问题。后来小芬配了助听器，也接受了治疗，整个人的状态才慢慢好转。

当时我对心理学的知识不了解，现在回想起来，小芬那时候已经明显抑郁了，从医院回家后，也不怎么见人。但是，只要我放假回老家，她都会来见我。小芬留了我的联系方式后，经常偷偷给我打电话，和我聊天，人也变得开朗了一些。

小芬的事情，让我立志成为一名心理咨询师。从她的身上，我才知道，一个人灵魂被囚禁，是这么痛苦的一件事情。如果能够帮助一个人，将他从苦难中解救出来，我会得到一种生命的幸福感。

这件事虽然已经过去了很多年，我还是会时常想起当时的情景：一个十五六岁的姑娘，戴着脚镣手铐，在精神病院的门口，不停地祈求我，祈求我去救她。

每次我想到那个画面，想起小芬的经历，想起小芬的父母和家庭时，我都会很难过，同时也在思考，这世间还有多少个小芬……

你的家庭是有毒的家庭吗？你在成长中遭受毒害了吗？看看下面这7道题，你会如何回答呢？

1. 在你童年时，你的父母会经常当着你的面发生肢体冲突吗？
2. 你小时候有没有被经常体罚？
3. 你有没有什么童年噩梦，现在还会时不时地想起？
4. 你会觉得别的父母在教育方面做得更好吗？
5. 在你童年时，父母对你的成长有没有漠不关心？
6. 你有没有把父母给你的不好的教育方式，传播到下一代？
7. 小时候父母的影响是否导致了你现在的自卑或者暴躁？

如果这7道题中，有3道你选择了“是”或者“有”，那么，你的家庭就是有毒的家庭，你现在很多的不幸可能就源于它。

第3章

受伤的孩子

你是否总会觉得没有安全感，不愿意和别人走得太近，害怕受到伤害？

你是否总是怀疑自己的价值，遇到一点点挫折，就开始自我否定？

你是否感到生活是一潭死水，别人活得很快乐，而我却看不到任何希望？

这些长期困扰你的阴郁感受，就像无法治愈的病毒一样，不断袭击你、折磨你，让你烦恼痛苦，让你消沉萎靡。

——佚名

心理专家武志红老师曾经说过一句话：你的所有感受都是有道理的，尤其是那些灰暗的感受。这些一直以来难以被别人和自己所理解接纳、似乎根本无处安放的感受，其实就来自你的家庭，而且主要来自你与父母的关系。

是的，我们的不安、暴躁、自卑、自我怀疑可能都和原生家庭有关。

前两年有一部叫《安家》的热播电视剧，演员孙俪在里面饰演一位房地产销售人员，这个角色有一个非常好听的名字——房似锦。但是这个角色却并不怎么讨喜，她不仅为了利益撬走同事的客户，甚至为了把不好的房子售卖出去，还忽悠客户。

房似锦总是一袭黑色正装，做事雷厉风行，杀伐决断，但经常拉着一张苦瓜脸，由内而外给人一种不可靠近的感觉，就像刺猬一样，害怕靠近别人，别人也害怕靠近她。她的内心充斥着积极向上和阴暗孤苦两股矛盾力量。

房似锦和家人的关系也极其不好，甚至要与家人彻底决裂，这一切都让观众无法认同她。随着剧情的推进，大家才逐渐理解房似锦内心的“痛苦”。

房似锦，听起来像是繁花似锦，其实她叫“房四井”。她的原生家庭严重重男轻女，家里一共有4个女儿和1个儿子。房似锦是她们家的老四，因为是个女儿，出生后母亲竟然要把她扔进井里淹死，她的名字也由此而来——房四井，房家的老四差点被扔在井里。

尽管当年活了下来，但在成长的过程中，房似锦仍然不受家里人待见，其他人都可以不分缘由地打她出气。她为了逃避挨打，必须时刻保持警惕，发现别人稍有不悦，就逃出家门。母亲为了减轻家里负担，让女儿们早早辍学，出去打工挣钱或嫁人。如果孩子们有反抗的念头，母亲就会对她们进行暴力语言的辱骂，甚至是拳打脚踢。

房似锦算是不错的孩子，没有完全被父母所毒害，成为一个有毒的小孩，只是在内心中形成了积极和阴郁的矛盾心理。而有些孩子，则会将这种毒传播下去，释放给社会和下一代。

因为在暴力环境中长大的孩子，很容易学会“发泄情绪，复制暴力”，却很难学会有效沟通和积极面对。

他们的家庭就是有毒的家庭，**有毒的家庭就像高速公路上的连环追尾，其恶劣程度代代相传。**

这种代际相传的毒害，不止以原有的形式向下传播，还可能变成其他的方式。

我有位学员，因为小时候经常被父母打，于是她就发誓，长大了一定不打孩子。她有了孩子后，确实没打过孩子，但喜欢用嘲讽的方式与孩子沟通。一次，孩子和她说：“妈妈，我长大要当科学家。”对于小朋友这种天真烂漫的说法，当家长的应该给予孩子多多的鼓励。她却反问孩子：“你能当科学家？如果你能当科学家，中国14亿人都能当科学家。”孩子听了委屈地想哭，她却不以为意，因为平时这样的话她说得太多了。

虽然她没有对孩子进行肢体上的家暴，但是对孩子采取言语上的暴力。这种言语上的暴力，有时比肢体上的暴力更恐怖，它带给孩子的是“灵魂的淤青”。

我们有时会遇到一些人说话非常刻薄，特别喜欢挖苦别人，感觉如果不挖苦别人，他就不会说话。为什么会这样呢？那是因为他从小就在刻薄的环境里长大，他认为大家的说话方式都是这样，他所接受到的教育就是这样。

有一位学员来找我倾诉，她之前非常喜欢一位残疾女作家，感觉她的诗语言唯美、充满想象力和创造力，感觉她简直就是当代的“三毛”，是她的偶像。但是她偶然看到这位女作家的直播视频后，发现这位女作家言语粗俗，说话犀利，甚至有些极端。这位残疾女作家在她心目中的美好形象一下子就崩塌了。

我告诉这位学员，这位作家的诗歌之所以写得真切而直白，因为她是从荆棘中艰难爬行过的人，她深知人性的本质。当她处在社会底层时，作为一个残疾人，受到过很多人的嘲讽、挖苦，甚至很极端地指责、辱骂……久而久之，她形成了一套自我防卫系统，一个自我保护的壳，所以在正常交流时，她并不太会说话，一出口就特别地极端，她也是个中毒的孩子。

如何让这些中毒的人卸掉身上的盔甲，活出该有的模样呢？只有我们真正地走近他，了解到他内心的痛苦。一个人即使再坏，内心也有柔软的地方，我们如果能够找到他柔软的点，帮他解除掉他的痛苦，他就会卸掉盔甲，放下武器，与这个世界和解，慢慢地变为一个平和的人。

读到这里，可能很多人会对自己发出灵魂的拷问。

我的父母是不是有毒的父母？

我们是不是正在变成有毒的父母？

我的孩子会不会变成中毒的孩子？

我们大致可以通过一些标准去评判，判断父母是否有毒有两条标准。

第一条标准：他对你的伤害一定是持续性的。

因为孩子年龄小，无法对抗或者回避这种持续的伤害，所以这种原生家庭对孩子的伤害是极大的。

在前两年的热播剧《都挺好》中，姚晨扮演的苏明玉就是典型的被原生家庭毒害的人。苏明玉原本是家中的小女儿，她有两个哥哥，一家人虽然不是很富裕，但也能生活下去。因为母亲严重重男轻女，苏明玉从小就被母亲压榨，不仅好吃的好喝的要留给哥哥们，还要帮哥哥们洗衣服。她要交补习费，买学习资料，都得看母亲的心情。童年时期缺乏父母的关爱，导致苏明玉长大后内心极度缺乏安全感。

幼小的苏明玉无法与父母抗争，但是她越不反抗，苏母就越过分。

对待大儿子苏明哲，苏母宁愿卖一间房，也要供他去美国上学。

对待二儿子苏明成，即使他不学无术，苏母也愿意卖房供他上大学，找工作。甚至在家庭拮据的情况下，出钱让他去旅游。

可当女儿苏明玉向母亲要1000元钱上强化班，为考清华做准备的时候，母亲却以“女孩子家学那么多干吗，上个免费的师范学校就行了”为由，拒绝给她这笔钱。甚至在苏明玉报考清华时，苏母偷偷将女儿的志愿改成免费的师范学校。苏明玉上大学后，苏母甚至连生活费也不给。

面对母亲从小到大，持续的不公平对待，苏明玉彻底寒了心。虽然后来她靠着坚韧不拔的信念做到事业有成，但是每每遇到感情、家庭的问题，她总是很难平心静气，暴躁、偏执、强势无不投射着她从小抗争的身影。

她对生活异常坚强也非常脆弱，她没有办法轻易接受别人，也没有办法轻易相信别人。

幸运的人，一生都被童年治愈；不幸的人，一生都在治愈童年。

每每想到这里，我耳畔都会响起张韶涵的那首歌：每一次都在徘徊孤单中坚强，每一次就算很受伤也不闪泪光，我知道我一直有双隐形的翅膀，带我飞，飞过绝望……我终于看到，所有梦想都开花，追逐的年轻歌声多嘹亮。

但是，遗憾的是，不是所有的人都拥有“隐形的翅膀”，飞出原生家庭的精神牢笼，更多的人在不断重复，甚至代代沿袭着原生家庭的毒害。

第二条标准：有毒的父母最终目的是让你的自尊心严重受阻，让你极度的自卑，甚至让你用自我毁灭的方式，不断地去否定自己。

在热播电视剧《底线》中，唐啸云就是一个被有毒的母亲教育出的悲剧人物。在外人面前，他与母亲的关系很好。他不仅乖巧听话，还是一个妥妥的学霸。私底下，他母亲是一个严重的偏执狂，教育理念非常可怕。唐啸云每次考试必须得满分；别人打游戏，他只看一眼，就被母亲批评没有自制力。高考志愿由母亲做主，他根本没有选择权。

从小到大，唐啸云一直活在母亲严厉的管控之下。一旦违背母亲的意愿，母亲就用自残的方式惩罚她自己，目的是逼迫他顺从就范。

唐啸云无论在精神上还是在情感上，都受到母亲有毒的教育，严重影响了他的健康成长，他一直活在自我检讨中，自尊心受到了严重的阻碍和伤害。

工作后，他因骚扰女同事被公司开除，怕被母亲发现后没法交代，于是干脆一不做二不休，回家趁母亲毫无防备之时，用重物砸死母亲并分尸，手段残忍，行为恶劣，足见他对母亲日积月累的恨有多深。

弑母悲剧事件值得无数父母深思，而唐啸云的原型就是前两年弑母案的主犯吴某宇。

试想一下，妈妈从小天天唠叨“如果不是因为你，妈妈早就不活了”“如果不是因为你，妈妈早就和你爸离婚了”“如果不是因为你，妈妈能苦成这个样子?”在这些语言不断地影响下，孩子能不中毒吗？在孩子幼小的心里，谁是他最信任的人呢？当然是父母，现在连他的母亲都这么说，他一定会全然相信。渐渐地，孩子就会觉得他是多余的，他是个废物、他是个负担。如果不是因为我，我妈妈一定过得非常幸福。久而久之，这个孩子就成了中毒非常深的孩子。这些孩子成年以后，总是盲目地自责。我们身边就有这样的人，遇到事情特别喜欢自责，这种自责不是正能量的反省，而是情绪不稳、容易失控、暴躁易怒、歇斯底里，这些全都是中毒孩子的表现。

如何判断一个孩子是否中毒？

第一，孩子表现为深深的自卑。

长期被家庭暴力毒害的孩子，心里的伤害和委屈无处诉说，只能默默承受，最终会让孩子变得自卑、懦弱，严重的会以暴力来解决问题。

第二，孩子表现为过度的自负。

有些人的性格呈现双面性，表面表现的非常自负，背后又是深深的自卑，过度自负的人不断去否定别人，以证明自己。这是中毒比较深的孩子。

第三，孩子有自残的倾向。

中毒更深的孩子，会觉得自己一无是处，没有价值感，活着会成为家庭和社会的负担，所以会做出自残的傻事。

读完这章，你觉得自己是个中毒的孩子吗？看看下面这7道题，你会如何回答呢？

1. 在生活中，你会经常感到自卑吗？
2. 面对工作和家庭，你会经常表现得很懦弱吗？
3. 你会经常去讨好别人吗？讨好别人你会觉得很委屈吗？
4. 童年时，父母骂过你或者向你倾诉，让你觉得自己是个没有用的人吗？
5. 你家里有重男轻女的现象吗？
6. 小时候，父母的一些行为，是否让你觉得自己不配做他们的女儿（儿子）。
7. 你是否觉得在你的内心有着两方面情感，有时候非常地自负，有时候异常地自卑。

如果这7道题中，有3道你选择了“是”或者“有”，说明你是个中毒的孩子，这个毒是哪里来的？是原生家庭种下的。

第二部分

拨开迷雾，面对原生家庭

第 4 章

人人内心都有两匹狼

决定你是什么的，不是你拥有的能力，而是你的选择。

——杨澜

主持人、企业家

印第安部落流传着一个关于两匹狼的古老故事。

部落长老告诉成长中的孩子们："我经常感觉到，我内心好像有两匹狼在打架，一匹小气又贪婪，另一匹不仅宽宏大度而且热心慷慨……"

"那么哪匹狼会赢呢？"孩子们问长老。

长老笑了笑，告诉孩子们："你喂养的那匹。"

这则小故事告诉我们，一个人内心的心理状态，其实与外界关联不大。当他的心理需求没有得到满足时，他会选择在内心喂养哪一种观点或想法，这往往决定了他会形成怎样的心理状态和他最终会成为什么样的人，用什么方式和这个世界相处。

正如这个故事所说，我们的内心每天都在进行斗争，这场斗争是两匹狼之间的激战与对峙。一匹是恶狼，它代表着仇恨、愤怒、嫉妒、悲伤、贪婪、自负、自卑……一匹是善狼，它代表着爱、喜悦、和平、谦虚、善良……

哪匹狼会最终获胜，取决于我们选择喂养哪匹狼。喂养恶狼的食物是谎言，谎言的本质是掩盖真相。从本质上来看，人之所以掩盖真相，是因为不愿意承受面对的问题和解决问题所带来的痛苦，所以才选择逃避。但在逃避问题的过程中，人们往往会惊慌失措，颠倒是非，变得邪恶，所以谎言会扭曲自己的心灵。一个人的心里如果有太多谎言，就会把心中那匹恶狼喂养得膘肥体壮，自己也变得自欺欺人，从而导致心理疾病。

喂养善狼的方法是自律。自律的原动力是爱，爱能推动我们心灵的成长和心智的成熟。

世界上有很多自律和富有爱心的富豪，全球知名的环球免税集团（DFS）创始人查克·费尼就是其中之一。他用了26年时间，在全球建立了上百家免税店，积累了巨额财富。成为亿万富翁后，查克·费尼没有奢侈浪费。

他成立了专门的慈善基金会，在全球做慈善。多年来，查克·费尼累计捐出上百亿财产，但是他要求基金会为自己保密，很多受赠者根本不知道善款来自哪里，知情人也签署了保密协议，不能泄露任何消息。

后来，查克·费尼多年的善举被曝光后，他依然保持低调，要求受赠者不要宣传自己的善行："楼房是谁盖的并不重要，最重要的是楼房能盖起来。"在他的影响下，很多富豪开始捐款行善。

除了捐款做善事，查克·费尼的自律还表现在生活方面非常地简朴。他全身上下没有一件奢侈品，作为亿万富翁，常年只穿几十美元的西服，佩戴15美元的手表。他曾说："我的手表跟劳力士一样准时。"甚至在与爱尔兰首相的一次会面时，查克·费尼戴了一副多年前从路边摊买来的破旧眼镜。

查克·费尼的饮食也很简单。他说："我当然可以去高档餐厅吃一顿100美元的饭，但25美元的饭就已经让我心满意足了。"在孩子教育的问题上，他也有自己的看法。他没有给孩子们太多零花钱，孩子们假期会到饭店和超市打工。孩子们很理解父亲，说："这让我们与普通人没有差别。"

查克·费尼以前在伦敦、纽约、巴黎拥有6栋豪宅，现在这些豪宅都被卖掉，钱则用来做慈善。查克·费尼和妻子住在旧金山一处租来的公寓里。他也没有车，出门不是乘公交就是坐地铁，坐飞机大多经济舱。直到75岁，由于膝盖老化，坐经济舱不太舒服，他才开始坐头等舱。他曾说过一句响彻美国慈善界的名言："头等舱不会让我先到达目的地。"这句话几乎成了巴菲特、比尔·盖茨等慈善家自律的座右铭。

一位媒体记者曾问查克·费尼："每个人都渴望寻欢作乐，难道就你例外吗？"

"当我在帮助别人的时候很开心，不帮助人的时候就不开心……我的'寻欢作乐'就是把钱用在最需要它的人那里！"

记者追问："为何你在世时就要将自己的财富捐得一干二净？"

查克·费尼笑答："上帝那里没有银行，裹尸布上也没有口袋！每个人都是赤裸裸地诞生，最后又赤裸裸地离去，没有人能带走自己一生苦苦经营的财富与盛名……"

近些年，查克·费尼每年在慈善方面大概会花4亿美元，这些钱被用于医学研究和救助全球病童，比如为菲律宾面瘫儿童提供手术费、为越南儿童提供交通安全基金，还为很多腭裂儿童提供手术费等。

查克·费尼有一次在候诊室见到了一位准备做手术的女孩，手术成功后，那个女孩露出了微笑。查克·费尼感觉很欣慰："这时我才觉得，财富是有价值的。"

查克·费尼的故事告诉我们，喂养善良的狼，需要非常自律。自律就是学会抵抗，自我约束，自我克制，在没有人要求和监督的情况下，能自觉抵御欲望，完成自己想要做的事。自律是一个人的顶级修养。

除了学会抵抗以外，自律的人还会自己制定目标，然后朝着目标一路向前，不受外界的干扰，也不会轻易被外面的诱惑所影响。

这样自始至终，他们都能克制住自己的那颗好奇之心、爱玩之心、躁动之心，达到"两耳不闻窗外事，一心只读圣贤书"的境界，对外界的一切都视而不见，置若罔闻，只知道关起门来埋头苦干，为理想而努力奋斗。能达到如此境界的人，距离成功也就不远了。

自律就像是人生旅途的一盏明灯，可以照亮你通往成功的道路，可以为你通往的成功之路做铺垫，可以为你带来光和热；自律是人的美好品格，也是成功人士身上的标签，更是优秀的人头顶上的光环。

内心中的两匹狼相争，其实是欺骗和自律之间的对抗。**歌德认为，生命在于矛盾，在于运动。一旦矛盾消除，运动停止，生命也就结束了。**

我们的一生都在矛盾中，都在选择中。

大自然赋予我们自由的意志，也赋予了我们自主选择的权力。人生无常，本来就是由一个接一个的选择组成，不同的选择导致不同的人生。

一方面，选择意味着放弃，选择一条路，意味着要放弃其他的路；有了一个选择，意味着要放弃其他选择。由于人们不愿意放弃，每当面临选择时，内心总是充满了烦恼和痛苦。另一方面，选择会产生结果，人们必须为自己的选择负责，并承受选择所带来的结果。好的结果让人欣喜，坏的结果不仅会招致别人的指责、埋怨，也会让自己陷入懊悔和自责之中，令人痛苦不堪。

许多人不愿意承担选择所带来的痛苦，把自主选择的权力拱手让给别人，这就是逃避。逃避的人放弃了自主选择的权力，也就放弃了独立思考的能力，失去了自己的灵魂。一个没有灵魂的人可能会干出许多邪恶的事情。

在电视剧《狂飙》中，主角安欣是一个忠诚无私、严于律己的好警察。在他眼里，法律和正义大于一切。为了正义，他可以放弃自己的前途，乃至喜欢的孟钰。纵观剧中安欣20年的生活，他是极度自律的，多次抵制住了黑恶势力的拉拢和腐蚀。在省检查组到来之前，他都过得非常的孤独和辛苦。

做好人有多难？难在坚持信念和战胜自己内心的恶念、贪念、欲望等。做个好人需要更多地约束自己的伦理道德和职业素养，通过无形的约束不停地修整着自己的行为，影响着自己的人生方向和未来的路。

而当坏人就相对容易多了。一个好人，在面对环境的侵袭和各种诱惑，坚持不住自己初心的时候，只需要一步，就能迈过分界线，走到坏人的行列中去，继而越陷越深，成为一个恶人。

所谓成长，其实就是对抗人性。

只有我们勇敢面对自己的问题和痛苦，不选择逃避，不选择谎言，就一定可以摆脱掉心中那匹恶狼的追赶，前路漫漫，一定可以迎来光明的人生。

你感觉到身体内的两匹狼了吗？没有吗？我们试试。

1. 你内心在行善方面是否有过纠结？
2. 你是否可以为了自己心里舒服，撒一个小谎？
3. 你是一个自律的人吗？
4. 你觉得做一个好人难不难？
5. 如果让你重新选择，获胜的那匹狼会不会不一样？

第5章

健康的家庭关系

在生活的洪流中，没有人是毫无烦恼的；向外张望的人在做梦，向内审视的人才清醒。

——卡尔·荣格

瑞士著名心理学家

没有人天生就是父母，而绝大多数人都想做一个好父母，并为之努力着。我们总想把最好的东西给孩子，努力为他们提供更好的物质条件、成长环境、教育资源……但是，我们惊讶地发现，孩子在逐渐长大的过程中，他们有时会变得敏感、自卑、不懂得爱，甚至自我封闭，而这种种的“不幸”竟然与我们努力营造的原生家庭有关。

作为父母，我们一定感到很委屈，自己含辛茹苦地将孩子养大，怎么就伤害了他呢？孩子在性格上的种种表现和他在成长过程中的经历有什么关系呢？

德国著名心理医生斯蒂芬妮・斯蒂尔给了人们答案。她认为，孩子表现出来的所有“不幸”与“伤害”，都是源于孩子在原生家庭中心理需求没有得到满足。

在一个人整个的生命过程中，基本心理需求和身体需求几乎不会改变。也就是说，当我们觉得开心时，是因为基本心理需求得到了满足。当我们觉得不开心时，其实是一个或者数个基本心理或者身体需求没有得到满足。

了解和掌握人们的基本心理需求，不仅可以帮助我们建立起一个知识体系来了解原生家庭的影响，还可以帮助我们直面问题，审视自己，建立一个健康的原生家庭。

一个健康的原生家庭，至少要满足孩子的4种心理需求。

第1种：建立健康关系的需求。

关于家庭，有一个著名的三角形理论。我们将家庭看作一个三角形，父亲、母亲、孩子分别是三角形的三个角，而其中的每条边都代表着两个家庭成员之间的关系。

当一个新的家庭组建起来，丈夫和妻子之间就建立了第一条边的关系。两个相爱的人，通过思想交流，形成一种行为模式的互动，会为这个新家庭抹上第一层底色。随着小宝宝的诞生，就会产生两种新的关系，父子关系和母子关系，或者是父女关系、母女关系；同时诞生了第一个三角形关系，父亲、母亲和孩子。如果过了几年之后，家里又添了小弟弟、小妹妹，就会形成多种二人关系和多种三角关系。

在所有的家庭关系中，父亲、母亲、孩子组成的三角形关系，是最基本的关系，这种三角形关系可以是钝角三角形、锐角三角形或者直角三角形。最好的三角形关系是等边三角形，就是三条边的长度是相等的，这代表父子（女）、母子（女）和夫妻之间的关系亲密度是相近的，没有哪一层关系特别疏离。健康的原生家庭第一条标准，就是在家庭关系中，努力搭建和平衡父子（女）、母子（女）、夫妻之间的基本需求关系。

如果孩子在成长的过程中，这种建立关系的需求没有得到满足，他会感觉到孤独。这种情况下，孩子会表现出三种行为。

第一种行为：他会选择保护自己，穿上一层厚厚的盔甲，言行举止会非常谨慎，不会轻易地与他人建立亲密关系。

第二种行为：他从心里非常渴望建立一种亲密关系，来弥补原生家庭的缺憾。建立起来的亲密关系一旦受到一点点影响，他就会变得异常地不安、愤怒，甚至达到歇斯底里、不可理喻的状态。

我在高校当心理辅导老师时，疗愈过这样的一个孩子。

一名出身于农村家庭的女同学小C，父母在她小时候常年外出打工，她成了一名留守儿童。初中时父母离异，她跟着父亲一起生活，后来父亲二婚又生了两个孩子，父亲和继母在一家工厂做工，家里非常地拮据。

后来，小C努力考上了外省的大学，在校四年都申请助学贷款。虽然家庭经济困难，但她积极上进，自立自强，学习成绩一直名列前茅，连续三年获得学校一等奖学金。

2018年6月初，小C同学与谈了一年多的男朋友出现感情问题，最终男朋友提出分手并把她的微信拉黑。她因失恋受到了强烈的打击，情绪低落，加之临近毕业，学业和就业压力增加，她连续半个多月失眠，出现了自残的行为，甚至产生自杀的想法。学校心理咨询中心的老师建议小C同学转入医院进行治疗，但小C同学拒绝住院治疗，家长以路途遥远、打工走不开等理由不愿意到校。

小C同学因为失恋产生的极端行为主要是源于原生家庭的三角关系不健全：她与亲生母亲没有联系，父亲平时也很少关心她的学习和生活。家里经济紧张，对她的经济支持也比较少。小C同学的情感失衡与其作为留守儿童的经历、父母离异以及所处的成长环境之间存在着密切的关联。

在性格方面，她呈现出没有建立健康关系的第一种表现：性格独立要强，自尊心强，自我保护意识强烈，不轻易向朋友透露家庭和自身的处境，关系较好的朋友较少，情感宣泄的渠道不多。

在认知层面，她呈现出没有建立健康关系的第二种表现：一直渴望亲密关系，想有一个可以依赖的男性角色。小C同学对男朋友付出了很多，男朋友提出分手，严重影响了她的自尊，所以她做出了自残甚至自杀的行为。

没有满足建立关系的需求，还有第三种行为更加可怕：以自我为中心，攻击他人，破坏和摧毁一切正常健康的关系，比如，对伴侣施暴。

如果在童年时期关系需求得不到满足，我们可能会在亲子关系、恋爱关系、婚姻关系中遇到很多的问题，会陷入深深的自我怀疑，会常常感到没有安全感，感觉不被关爱。当一些人强烈感觉自己没有安全感时，就很容易变成控制狂。

当年有一个很有名的电视剧，叫《不要和陌生人说话》，里面的男主角安嘉和就是一个控制狂。这种控制，只有在亲密关系中才能看到，亲密关系中的另一方是最大的受害者。

安嘉和是一个医术非常高的医生。在医院里，他对待病人温和，与同事们的相处也很友善，给人的感觉就是谦谦君子。可一回到家，面对妻子梅湘南的时候，就变成了控制狂，稍有不顺，就是各种伤害，谩骂、殴打，暴虐成性。

这类人有一个特征：在外人面前，会表现得非常好，特别有礼貌、特别绅士、特别有爱心、特别正直善良。在公开场合，他总是尽力在所有人面前展现出自己完美的一面。

然而，在这样的关系中，什么人最容易受伤害呢？首先是作为伴侣的另一方，其次是孩子。因为这股力量只向内，不向外，只会在家庭范围内扩散。

如果你在童年时建立健康关系的需求受阻，那么你的教育期间、恋爱期间、婚姻期间，都会遇到很大的挑战。你会严重地自我怀疑、自我否定，严重地感到没有价值感、没有获得感，这些会阻碍你获得幸福。

在没有接触到这本书之前，在这种环境下，你遇到这些问题时，原来的你可能会一味地委屈、抱怨。希望读了这本书之后，你会开始反省。

为什么一点儿家庭琐碎小事，就让我情绪激动呢？

为什么我认为重要的事情别人没有做，我就会变得暴躁？甚至发生争吵呢？

我为什么会这样，我的敏感点到底在哪儿？

如果我们认真地冥想，尝试着静下心来去寻根溯源，一定会找到源头就是自己的原生家庭。

这种健康关系的需求伴随着人的一生。所以，即使孩子长大了，我们也同样要注重家庭三角形的稳定和平衡。

第2种：独立和掌控的需求。

独立和掌控的需求是健康的家庭一定要具备的，因为每个人生来都有探索精神、创新欲望，都想自己掌控自己。

孩子的独立性在很小的时候就开始萌芽，我们会发现，孩子刚会走路时，就不想被妈妈抱着，他想自己走；孩子渴了，需要倒杯水，他想自己去倒；水倒好了，孩子想自己喝，他不想让你喂，为什么呢？因为他需要有一个自我掌控的安全感。只有自己动手，孩子才有安全感。所以，你去喂他，他不想喝。这种不愿接受大人的帮助正是孩子独立性的表现。

但是很多家长不懂得这些，非要拉着孩子走。孩子摔倒了，就要把他扶起来。这些行为，会慢慢地让孩子缺乏独立精神。如果家长把孩子的独立性视为故意、执拗、不听话而斥责打骂，往往会伤害孩子的自信心和自尊心，使孩子逐渐缺乏生活自理能力，成为缺乏主见甚至畏缩不前的人。

父母过度掌控，会造成什么后果呢？

父母一定要知道，孩子需要独立掌控自己的需求，要适度给孩子空间。如果凡事都由父母包办，孩子长大后，什么都不会干，什么都干不成，变成一个巨婴，这就叫过度掌控。

如果你过度地对孩子进行掌控，孩子长大后可能是个控制狂人，因为他从小没获得自由，所以他要控制他的另一半、控制他的孩子、控制他身边最亲近的人，他会用这种控制别人的方式来获取平衡。

还有另外一种被过度管控的孩子，选择彻底躺平，长大之后毫无独立性，没有主心骨，没有立场，谁都能控制他。这样的人结婚之后，会让另一半很痛苦，因为作为丈夫，这样的男人没有一点儿想法，没有一点儿主见，完全无法依靠。

另外，控制狂都是内心严重没有安全感的人，有的人还会有洁癖。比如，每天都换外衣，连内衣都要换四五套，这属于过度洁癖。

我曾经疗愈过一个医务工作者，她在医院工作时过度洁癖到有些病态的程度。她每天要洗几十遍手，洗到连手纹都看不出来，导致无法正常工作和生活。

她找到我，请我为她做心理疗愈。我问她为什么每天洗这么多次手？她觉得这个世界太肮脏了，所以才要不断地洗手，只有不断洗手，心理才会好受一些。后来，通过我们一点点地沟通，她破除了原有的认知，她意识到真正的肮脏不是来自这个世界，而是来自她的眼睛，来自她的心理。为什么总能看到污秽的东西呢？说明她的心理出现了问题。患有过度洁癖的人，都是内心严重没有安全感的人。

我们身边有没有这样的人？

睡觉前一定要确认家里的门是否反锁了？跑去看四五遍还不放心。

出门前是否带了钥匙？要反复确认，才能迈出门口。

晚上睡觉不能关灯，必须开着灯才能入睡。

出差换个陌生的环境就睡不着觉……

这些都是内心不安的表现。

以上这些情况，都可以追溯到原生家庭。孩子在童年时展现独立和掌控的需求时，父母没有给他提供这方面的培育环境，让他从小就缺失了独立和掌控的能力，长大后变得过度怀疑、过度依赖、过度不自信，甚至产生了严重的洁癖。

还可能出现另一种情况，有些人在童年时没有得到有建设性的成长意见，长大后，他们会和父母划清界限，选择远离父母去另一个城市、另一个国家，甚至出家。他们用这种物理隔绝的方式，与原生家庭彻底割裂开。

但是真的能割断吗？我们前面讲过物理学的量子纠缠，两个相互纠缠的量子，无论相隔多远，都会存在一种关联。所以，这种物理隔绝的方式，只能掩盖心理问题，不能解决心理问题，就如同《都挺好》中的苏明玉，在外打拼多年，功成名就并没有疗愈她的心理创伤。每次回到曾经住过的弄堂，她就会想起小时候父母对她的种种不公。

第3种：快乐的需求。

家长们经常在思考这样的问题：教育的目的是什么？教育的使命是什么？教育的目的是为了让孩子考试得高分，未来找个好工作吗？

那教育的终极使命究竟是什么呢？我想这个案例可能会给你启示。

戚柯，出生在湖南省一个地级市的普通工薪家庭，家里还有一个妹妹。父母没有接受过高等教育，但非常注重对孩子们的培养。小学时，戚柯就展示出了惊人的学习天赋，聪明伶俐，成绩优异，在班级经常名列前茅，这让父母倍感欣慰与骄傲。

在望子成龙的愿望影响下，父母把戚柯当成家里的重点对象来全力培养，为他倾注了大量心血，严格规划他的作息时间。戚柯的童年时光几乎都用在了学习看书上，很少和同学一起玩耍。

上初中时，戚柯的成绩同样十分优秀，受到了老师和同学们的大量赞扬，溢美之词不绝于耳，这更坚定了父母想要好好培养他的决心。父母对他的管教更加严格，他的交友也受到了父母的严格控制，不能交普通的朋友，以免影响考试成绩。

如父母所愿，戚柯按照他们的想法一步步长大。在小戚柯的眼里，除了学习，一切都与自己无关，只要听到别人的赞赏他就能感到异常满足。在别的小朋友成群结队嬉戏打闹时，他在学习；在别人追剧聊天打游戏时，他在学习；在饭堂吃饭，晚上睡觉前，他也不忘学习。久而久之，很少有人来找戚柯玩，他也没有一个可交心的朋友，渐渐形成了孤僻的性格，生活方面衣来伸手，饭来张口，严重缺乏自理能力，初中时甚至不会叠衣服。

后来戚柯升入高中，虽然成绩优异，但由于性格孤僻，他很少与人交流。高中的老师非常担心，找戚柯父母反映过好多次，告知戚柯在校很少与人交流，在班级里独来独往，很难融入集体。但戚柯父母不以为然，在他们眼里，戚柯的成绩就是他们引以为傲的资本。只要自己的孩子成绩足够优秀，这些都不算什么，等考上了好大学，根本不愁没有朋友。

所以戚柯虽然成绩优异，但常年长在父母羽翼下的他，在生活方面一窍不通。高二时，由于长期的偏爱，妹妹与戚柯爆发了巨大的矛盾，父母担心会影响戚柯的学习，于是将戚柯转到了另外一所重点高中就读。

高考时，戚柯不负父母所望，最终以总分636分的成绩被清华大学工程物理专业本硕连读录取，在当地引起不小的轰动。

进入大学后，戚柯感受到了来自清华大学的魅力，整齐排列的教学楼、实验楼，优越的教学资源与学习氛围，这让戚柯油然生出一种优越感，比起以前的大多同龄人，他俨然已经成功了一半，平步青云指日可待。然而，这种高人一等的感觉并没有持续太久，因为这里优秀的人太多了，能进入清华大学的人都不是泛泛之辈。和他们比起来，自己简直不值一提，这让戚柯产生了巨大的心理落差，他本来从小就是别人家的孩子，在他人的赞美之词中长大，突然之间，他在这些人中变得普普通通。

原本成绩优异的他，也逐渐丧失了信心。在大学的第一个学期，戚柯就有学业考试没有通过，变成了名副其实的“凤尾”。这让他一度怀疑自己，到毕业时，也因为学分不够而延迟毕业。

2000年，戚柯从清华大学毕业后，幸运地收到了中国科学院高能物理研究所的邀请。在父母眼里，这下戚柯总算是出人头地了，对于将来的他也有了更高的期望。

然而，好景不长，大家都以为可以就此平步青云的他，其实在研究所过得并不好。

戚柯从小落下的不善与人交流的毛病渐渐凸显了出来，他不会与人沟通交流，同事集体协作的课题，他更是几乎没法参与，不善表达的他，逐渐地被排除在别人的交际圈外。在学校，做得漂亮不如考得漂亮。可是工作后，他的优势并不能显现出来，他在职场上屡屡碰壁。最终，不到半年，戚柯就被中科院辞退。受到被辞退的打击，他得了抑郁症。后来他又辗转来到一家开发游戏软件的公司，但这与他的本科专业不符，他自己也不愿意学习，所以很快就辞职回了老家。

2005年，戚柯来到工地干活，希望可以当一名搬运工谋生。可自小就被父母保护得很好的他，从拿书本到扛水泥，他显然干不了这份体力活，没过多久，就又被辞退了。后来他又干包装工、厂工一类的工作，但由于心理落差太大，也没有干多久，又回到老家过起了啃老度日的颓废日子。

如今的戚柯身患抑郁症，父母带他到处求医问药，却仍解不了他心中的郁结。戚柯常常想起自己在大学以前的高光时刻，可是如今的自己却一事无成，内心非常痛苦。父母看到孩子这样，也十分懊悔，认为是自己极端的教育方式才酿造了如今的悲剧，这是一辈子都无法弥补的。

故事讲完了，我们再来看看前面提的问题，教育的最终目的是什么？教育的最终使命是什么？

泰戈尔说过：“好的教育，是让每一个人都踏入生活之河而毫无惧色。”

教育的最终使命是将孩子培养成能够适应社会发展的人，如何能够适应社会的发展呢？最重要的是轻松和坦然地面对社会的各种压力和不适，我们要培养孩子处理快乐和不快乐情绪的能力。孩子年龄越小，越容易培养处理情绪的能力。

当孩子遇到不开心的事情，我们如何用两三分钟的时间化解？如何让孩子面对他的情绪？我们应该做到有能力去陪伴，而不是马上去控制他的情绪。

很多家长在孩子教育方面简单粗暴、特别野蛮，打了孩子还不许哭，这种情绪长期憋在体内，会严重影响孩子的发育。

还有些家长有这样一种幼稚心理：我不快乐，也不许孩子快乐。因为自己在工作生活中的境遇让他不快乐，所以他要求自己的孩子也不能快乐，比如孩子在家里不能大笑。孩子一开心，家长马上就说，赶紧做作业去，赶紧干活去，总之就是不能看见孩子快乐。

为什么有些家长见不得孩子快乐呢？因为这些家长的原生家庭没有培养他快乐的能力，所以，他也不允许孩子快乐。

我们回想一下，自己有没有遇到这样的情况？

当我们正在为工作、家庭的事情忙得焦头烂额的时候，这时孩子放学开开心心地打开门和我们打招呼，我们有没有没好气地回答一句，甚至有时候吼上一嗓子："赶紧写作业去。"

当我们假意端水果给孩子，偷看他做什么的时候，发现他正在边写作业边听歌，我们有没有要求他不准听歌，必须做完作业才能听。

这些举动都会让孩子不快乐，孩子长期处于不快乐的状态就可能产生抑郁。中国目前有9500万抑郁症患者，很多就是因为他们的父母不快乐，并且把这种不快乐传递给了孩子，让孩子也失去了快乐的能力。

很多年轻人非常恐惧过年回家，因为一回家就会被问到不快乐的事情：有对象了吗？工资多少啊？买房了吗？买车了吗？考研了吗？这些都是加剧他们不快乐的因素。

快乐是自身的一种能力，它与外界无关，我们只有自己先快乐起来，才能真正地给别人带来快乐。

读了这本书，也许我们才会知道。

我为什么是一个消极的人？

我为什么是一个无趣的人，无聊的人？

我为什么是个没朋友的人？

为什么所有人都不喜欢我？

为什么这美好的生活，我总是过不出来美好的感觉？

为什么花钱去旅游，我还特别难受？

很多夫妻想去散散心，去风景最好的地方旅游，结果夫妻俩半路就吵架回来了。

这是因为什么？这是因为我们没有经营快乐的能力，更没有办法给周边的人带来快乐。

如果自己本身没有快乐的能力，就会屈服父母，也会反对快乐。我们会教导孩子要先吃苦：这世界上哪有什么快乐的事啊，人不就是要在苦中作乐吗？吃得苦中苦，方为人上人。我们就只会用这样一套逻辑来说服自己和孩子，这就是我们屈从父母的结果。

同时，我们还会潜意识地反对快乐。我们还会告诉孩子，不要去享受人生，人来到这个世界，不是来享受的，是来吃苦的。

除此之外，我们还会在生活中压抑自己，在生活中，我们会变成一个无聊和无趣的人，让人特别讨厌的人，别人都不想亲近的人。在现实生活中，有些人就是这样生活，不懂社交，不会跟人打交道，就像案例中的清华学霸一样，没法融入社会，连自己都养不活。

另外，还有一些没有快乐能力的人，长大后会沉迷于享乐。沉迷于什么样的快乐？比如沉迷网瘾、沉迷游戏、沉迷吃喝嫖赌抽，这些都是过度沉迷。这些人长大终于离开父母的掌控后，就想把小时候没有得到的快乐，全部夺回来。

不少问题少年会出现这种状况，是因为父母从小剥夺了他们的快乐，所以他们总想弄点动静出来，以此来获得满足感和刺激感，因此人生也走了很大的弯路。

作为父母，我们要感知和体验真正的快乐。这种真正的快乐，不来自于我们对道理的理解，而来自于我们内心真正的喜悦。我们自己内心里每天充满喜悦，真正地去爱与包容，真正地没有分别心。这才是我们生活快乐的源泉。我们是孩子的第一任老师，我们把快乐写在脸上，孩子就会模仿我们快乐的样子。

第4种：自我价值的获得感。

健康家庭很重要的一点，就是自我价值感。孩子如果在童年时自我价值感没有得到满足，影响真的比较深远，会造成孩子一辈子的无力感、毫无价值感，认为自己不配获得感。

我在北京疗愈过一个朋友，叫芳芳，很漂亮的姑娘，年薪几十万，但是她常常舍不得给自己花钱。每次她想买奢侈品的时候，脑子里好像总会有一个声音告诉她：你不配！她很难受。明明自己已经有能力赚钱，为什么还是过得如此不堪？对于喜欢的东西，为什么自己总是下不了决心呢？

通过与芳芳的聊天，我慢慢了解到，她小时候的家境不太好，父母总是告诉她，不要乱花钱。父亲是很努力的，为了家庭有更好的未来，他常常早出晚归，任劳任怨。可是每次她让父亲买玩具的时候，父亲总是会说："不行，这些玩具没有用，不要买！"就连疼爱自己的母亲也会说："爸爸赚钱不容易，我们要留着吃穿，不要买那些没用的。"芳芳心里非常失落，但是无可反驳，只能懂事地点点头。

天道酬勤，父母的打拼，总算有所回报。芳芳长大一些，家里条件变好了不少，但父母节约的习惯似乎一点儿都没有改变。

母亲买菜和水果时，仍旧要去挑那些有瑕疵的、便宜的。

有一年春节，母亲好像忽然变得大方了，竟然带芳芳去商场买衣服。母亲过去都在市场上能讲价的小店买衣服，这次忽然提出去逛商场，让芳芳感到受宠若惊。

到了商场以后，芳芳一眼相中了一件黄色的新款羽绒服，标价三百多。母亲看芳芳穿着挺好看的，也夸赞了一番。趁店员去招呼别的客人时，母亲偷偷地看了看标价。

芳芳看母亲面露难色，知道自己买不成了。她虽然很难过，但还是懂事地说："妈，这件太贵了，要不咱们再看看吧？"

母亲眼睛一下就亮了，不用自己说出口，女儿主动帮自己解了围，连忙说："那行，我们再看看，说不定还能挑得更好的！"

最后，母亲在商场给芳芳挑了一件快过季的打折上衣，芳芳假装很开心，但心里却非常失望。

芳芳继承了父母勤奋的基因，上学的时候很努力，考上了重点大学，工作的时候也吃苦耐劳，业绩不错。

芳芳在北京租房子住。她很节省，即便后来工资尚可，她仍愿意与别人合租，共用厨房和卫生间。

有一天晚上，芳芳拖着疲惫的身体回到出租屋。她太渴了，于是打开冰箱，想找找里面哪些饮料是自己的。

她找到一瓶橙汁，发现已经过期一周了。她又翻了翻，有一瓶大罐的牛奶。牛奶是上周妈妈来看自己时买的，所幸没有过期。芳芳咕噜咕噜地喝了起来。

喝完以后，芳芳放空了一会儿，大哭了起来。

她发现，为了省钱，自己一直跟别人合租，食物都是挑打折的时候买，甚至舍不得买件像样的衣服。

本来她业绩越来越好，工资收入越来越高，她能过上好日子的！

可是到头来，她看着乱糟糟的合租房，发现自己的生活原来过得一团糟。

那一次，芳芳痛哭了一场，她开始重新审视自己的生活。

过去，她的父母一直告诉她，家里穷，所以你想要的东西不能买。她一直在想，以后如果自己赚钱了，就可以买了。

然而等她有钱了，她却舍不得买了。

在工作上，她发现自己也总是不敢去追求高价值的岗位。明明自己工作能力不错，领导赏识，但有两次领导提出给她更高岗位的时候，她却犹豫了。

她以还需要磨炼一段时间为由，拒绝了领导的好意。

她一度以为自己是清高的，现在她发现，是自己觉得目标岗位工资太高，而她太平庸，配不上。

后来，芳芳决定从合租房搬走，租了一个独立的两居室。她不仅给自己买了新鲜的蔬菜和水果，还给自己买了一大束鲜花，生活似乎也有了滋味。

她知道，那种低价值感需要慢慢突破。但她也知道，这是她必须做的，因为她值得。

读到这里，我们回忆一下：

我们在引领孩子的过程中，孩子是否有自我价值感？

我们的孩子现在很自信？还是很自卑？

我们的孩子现在很快乐？还是不能快乐，不敢快乐，不会快乐？

我们的孩子是否有健康的想法，是否有自己的主张？是否有创造的思维？

我们的孩子是否有热血沸腾的梦想？

如果以上都没有，说明你的孩子没有找到价值感。

以上是我们提到的健康家庭需要满足的心理需求。如果在孩子成长的过程中，原生家庭的行为模式可以满足孩子的心理需求，那么这样的家庭就是健康的原生家庭。

我们作为孩子，在成长的过程中，4种基本需求都被满足了吗？作为父母，我们给孩子的教育满足他的心理需求了吗？看看下面这8道题，我们会如何回答呢？

1. 在你的原生家庭里，你和爸爸、妈妈的关系都很亲密吗？
2. 你和孩子的关系比你的另一半要疏远很多吗？
3. 在你的原生家庭里，父母给了你独立的成长空间吗？
4. 在孩子成长的过程中，我们给了孩子独立的机会。
5. 在你的原生家庭中，父母不会打骂你，你也不怕见到他们。
6. 在孩子成长的过程中，坚信人要学会苦中作乐。
7. 在你的原生家庭中，觉得自己有价值感吗？
8. 在孩子成长的过程中，你非常注重培养孩子的自我价值感吗？

如果这8道题中，有4道你选择了“否”或者“没有”，你的家庭就不是健康的家庭，你要特别关注对孩子这4种基本心理需求的满足。

第6章

“毒”父母的72变

与怪物战斗的人，应当小心自己不要成为怪物。当你远远凝视深渊时，深渊也在凝视你。

——尼采

德国哲学家、诗人

有毒的原生家庭就像怪物，我们一生都在与之缠斗。通过众多的原生家庭案例，我们会明白：为了更好地化解原生家庭的影响，不要去指责父母曾犯下的错误。一个人的认知决定了他的行为，无论他们过去对你做了什么，都没有超出他们的认知范围，他们会认为他们的方式没有错。

作为受害者，我们为了不变成“怪物”，为了能走出原生家庭的循环“怪圈”，应该怎么做呢？

当我们面对有毒的原生家庭时，可能会选择竭尽所能地去做种种抗争。

希望父母之间不要争吵；

希望父母改变和你的交流方式；

希望父母变得更加慈爱和宽容。

可当你努力抗争精疲力竭之后，可能会悲哀地发现：这样的做法，错了。它只会让生活变得混乱和痛苦，对于解决原生家庭的问题毫无作用。

我建议你尝试一下这样的方法：首先正视你原生家庭存在的问题，找到发生这种问题的根本原因，然后尝试和解并放下。

生活本就艰难，为什么我们不能更豁达一些，放手、前行，懂得接纳原生家庭的不完美，学会打破原生家庭的桎梏，学会创造自己喜欢的家庭模式。

现在，我们就来了解有毒的原生家庭的几种模式，以及这些模式的形成原因。

一、操控型父母：这样的爱让人窒息

婉婉是我两年前疗愈的一位朋友，她出生在陕西的一个小康家庭，外公曾是省里的领导，母亲在国有企业担任领导职务。

还记得第一次见面时，她坐在沙发里，过了很久，才幽幽地说起她的故事。

> 从小，我就生活在我妈的控制下，我的每一件事都是她帮我决定的，我的人生就像一场木偶戏。

从我记事起，我的生活一切都由我妈做主，从穿衣吃饭到升学择业。每次我想自己做决定时，我妈都会以我的思想不成熟，所作的一切决定都是为我的未来打算为由，扼杀我的想法。

我爸老家在农村，性格比较懦弱，后来又凭借外公的关系在单位提干，所以，在家里，爸爸对妈妈的任何决定都百依百顺。

高考填报志愿时，我妈让我报考省内的一所大学，离家近，毕业后直接进她的单位工作。

我考虑再三，最终瞒着她填报了北京的一所名校，选择了我喜欢的英语专业。为此，我妈大发雷霆，把我劈头盖脸地骂了三天，还找到学校，要求更改我的志愿。爸爸在旁边为我解释了两句，也被连带一起痛骂。

最后，在外公的劝说之下，我妈终于勉强同意我外出求学，但是要求我每晚必须准时与她视频，汇报当天的所有事情。

想到可以离开我妈的控制，去大学里自由地呼吸，我由衷地感到开心。但是这种开心并没有持续多久，开学的第1个月，我妈就过来探望。

与其说探望，还不如说是突击检查，我妈过问了我各科的学习情况，不让我参加与学习无关的社团活动，还检查我的手机，将所有和学习无关的事情统统删掉，甚至去营业厅调取了我的通话记录，我联系稍微频繁的电话，她都打过去一一核实对方的身份。

就这样，在大学四年时间里，我妈来北京“探望”了我50多次，这让我觉得虽然在上大学，但是一举一动仍然在我妈的严格掌控之中。

毕业后，由于成绩突出，我被大学老师推荐到首都知名的翻译公司实习，这遭到我妈的强烈反对。按照她的规划，我毕业后，应该马上去她的单位上班，她已经给我安排了一个办公室行政的工作，稳定又清闲。

我不愿意再回到我妈的控制之下，与她进行了强烈的抗争，甚至为了留在北京，不惜以生命相威胁。

说到这里，婉婉露出手腕上的几道割痕。

我妈并没有妥协，甚至到我在北京的实习单位去闹，最后，她“如愿”把我带回了老家。

坐在我妈安排好的单位办公室座位上，我的心都凉了。我觉得没有什么未来可以期待，我这一辈子也逃不出她的手掌心。

操控型的父母，控制欲强的多是母亲一方，其婚姻状况基本上都是女方比较强势。通常这类婚姻能正常进行下去的家庭，父亲一方相对软弱，对于儿女没有太强的控制欲。

控制欲强的母亲甚至会监控儿女的一举一动，要求儿女的任何行动都要听从安排，若不然就会遭到谩骂与教训。

现实生活中，操控型父母喜欢打着爱孩子的旗号，不顾孩子的感受，要求孩子按自己的想法做事情。这类父母有一个特点，他们认为自己对儿女的所作所为都是对儿女的爱，但实质上都是伤害。如果孩子长久被父母控制，孩子会觉得自己的命运被父母所操控，产生一种对生活的无力感。

操控型父母一般有以下特征。

1. 他们会把自己的感受放在第一位，不重视孩子的感受。

2. 不愿意花时间与孩子认真沟通，经常告诉孩子要怎么做，而不是问孩子想怎么做。

3. 觉得自己吃过的盐比孩子走过的路还要多，相信自己的选择远比孩子的选择要好。

4. 对孩子质疑自己的决定感到非常愤怒，不允许孩子与自己的观点不同。

5. 不让孩子自己做决定，总是干涉孩子的选择。

6. 即使孩子没有请求自己，也觉得自己要帮助孩子。

7. 经常用“我都是爱你”“我都是为了你好”之类的话让孩子产生内疚感。

8. 随意侵犯孩子的隐私，干涉孩子的个人空间。

操控型父母的成因，大都是他们也曾有过一段被控制的童年，认知被束缚，认为爱就是控制，要孩子接受自己的付出。

他们害怕亲密关系的分离，会把分离看得比生命还重，不顾及孩子的感受，不顾及关系发展的客观规律。

作为孩子，很多时候会选择直接对抗操控型的父母，对抗不了就妥协。其实除了这两者外，更应该做的是区分尊重与顺从。

在控制型家庭成长的成年人，应该努力培养自己独立的价值观和思考力，而不是受制于操控型的父母。内心强大，才是真正意义上独立的成年人。

二、虐待型父母：不爱请别伤害

2020年10月，辽宁抚顺一个名叫童童（化名）的6岁女童被自己的亲生母亲及其男友虐待了3个月。

热水浇头、钳子拔牙、打火机烧嘴、钢针扎腿、喂猫粮……6岁的童童全身是伤，经历数十次骨折，送医院后被下了病危通知书。

童童的姥姥面对媒体哭着讲述：“（童童）前面的门牙是他们拿钳子拔下来的，拔下来还不让扔，让她咽进肚子里。她们不给孩子饭吃，用打火机烧她，后背、头全部都感染了，也不送孩子去医院，过了9天看孩子不行了才送过去。我见到孩子的时候，她的胳膊都碎了，是她妈妈男朋友直接掰碎的。”

外婆看到被虐待到不成人形的孩子，哭着问童童：“你为什么不告诉我呢?”

孩子回答：“不敢说，要是告诉姥姥就死定了，不但我会死，姥姥姥爷也都死定了，全家都死定了。”

当时看到这篇报道，我忍不住潸然泪下。

多么善良的小女孩，因为怕连累家人，自己硬生生地忍受了三个月惨绝人寰的虐待。

多么狠心的妈妈，为了能和情人过二人世界，不惜对自己的亲生骨肉下手！

作为一名母亲，我无法理解为什么有的人会虐待自己亲生的孩子。

他曾是你怀胎十月才生下来的宝贝，他曾与你骨血交融，他曾在你怀里撒娇，他牙牙学语的第一个词就是“妈妈”。

面对这样的孩子，父母是如何下得了这般狠手。

最让人感到气愤的是，父母虐待孩子的事件绝非个例。

2020年4月份，黑龙江4岁女孩茜茜被亲生父亲及其女朋友虐待：弱小的身体遭受拳头殴打、被开水烫；被抓住头发撞墙、撞门框及门板，致双侧鼻骨骨折、硬膜下血肿；伴脑受压，重伤二级……

4岁的孩子，本应该在父母怀里撒娇打闹、无拘无束。但小茜茜却被亲生父亲及其女朋友虐待，在ICU持续昏迷了近一个月，数次生命垂危。

虐童事件发生后，中央电视台曾发表评论：为人父母，不需要考试，却需要一直学习，至少可以学着变好一点儿，再好一点儿！退一万步说：如果你实在不爱孩子，也没关系，但千万千万，不要伤害孩子。

如果你还没有准备好成为一个合格的父母，如果你还没有做好养育孩子的准备，请不要生下他。

如果你已经是父母，就算不能为孩子遮风挡雨，也请别给孩子制造狂风暴雨。

日本作家伊坂幸太郎在小说《一首小夜曲》里写道：“一想到为人父母居然不用经过考试，就觉得真是太可怕了。”

不可否认，父母对孩子的爱，是人类最高尚的情感。但并不是所有人，都知道如何做合格的父母。中国式的原生家庭，似乎普遍存在一种天然的观念：将孩子视为自己的私有物品。

因为你是我的孩子，所以你的一切都属于我；

因为你是我的孩子，所以你必须无条件服从我。

因为你是我的孩子，所以无论我对你做什么，都是无可辩驳的。

人，一旦拥有不受约束的权利，那么暴力的风险就会增加，尤其对象是毫无自保能力的弱者。

所以我们会看到，一些父母打着教育孩子的名义，对孩子施加暴力。这种“以爱为名”的控制、压迫甚至伤害，本质上不是爱。

随着现代育儿思想的普及，更多的家长意识到“棍棒底下出孝子”的思想已经不合时宜。只是在教育孩子的过程中，很多家长缺乏耐心和控制力，因此情绪常常爆发，忍不住对孩子施暴。

这种行为从根本上分析，是家长想宣泄自己的情绪。因为在暴怒之时，父母早已是情绪的奴隶。这个时候的打骂通常是为了发泄自己的愤怒，而忽视了孩子犯错的真正原因，因而往往没有任何教育价值，孩子反而会越来越叛逆，心理越来越敏感。

如果说身体虐待是一种肉体上的折磨，那么语言虐待则是一种精神上的煎熬。

2021年3月，济南的一名女大学生琪琪，在QQ空间留下千字遗书，然后在寝室服药自杀。是什么原因导致了这一悲剧呢？直到她的遗书公开，大家才了解真相。

在这封与世界的告别信中，这位女孩写了她长期以来遭受父亲的言语虐待。

小时候，父母经常吵架，父亲经常打她。有一次，她不想洗头发，父亲出来扇了她一巴掌，打到鼻子流血。

琪琪看不懂语文词典，跑去问父亲，结果还是不太明白，父亲就拿着那本厚厚的词典砸向她，吓得她尿了裤子。

初一时，她考了全班第一，班主任邀请家长在家长会上发言。但因为父母有事无法到场，父亲把她骂了一顿，从此琪琪再也不敢考第一名。

弟弟高考没考好，父亲殴打弟弟，母亲拦着，结果母亲的鼻子被打骨折了，父亲还直接骂弟弟：“你怎么不死在考场上？”

高三的时候，琪琪早恋的事情被父亲知道，父亲一直骂她“婊子、贱人、妓女”。有一天中午放学时，父亲在学校门口当众暴打她，甚至晚上发疯一样地把她头发剪了，还捅了母亲一剪刀。这一切，让琪琪觉得自己活得像狗一样。

大学三年，琪琪一直都在把自己伪装成父亲满意的样子，因为只有这样，父亲才不会找她的麻烦。

每年的寒暑假琪琪也不敢出去和朋友们聚会玩乐，因为害怕父亲生气，全家都会遭殃。

而压死她的最后一根稻草则来自于父亲这句“你爱怎样就怎样，以后别和我有来往”，原因是琪琪的“省优秀干部”被换成“省优秀学生”。她很难过，但父亲一点儿都不在乎她的感受，没有真心地关心过她，只在乎这个名誉是否会影响“拔尖选调生”的报名。琪琪就和父亲说，她打算选调生和研究生一起考，如果考上研究生想去读研，但父亲一意孤行只想让她考选调生，随后她父亲就很生气地说出了“以后别和我来往”这句话。

长期生活在父亲控制和言语虐待下的琪琪，对父亲的害怕已经刻到了骨髓里。

就像她说的：“我爸爸也有快乐的时候，也有好的一面，但爸爸给我造成的伤害是不可磨灭的，至今想起仍然感觉害怕、全身发抖。”

这么长时间，琪琪一直看着自己父亲的脸色活着，太压抑了，喘不过气来。

“遵从父亲考选调生还是遵从自己去考研 ”，就像“生存还是毁灭”一样，成为压死琪琪的最后一根稻草。

骨子里对父亲的畏惧，让琪琪觉得自己不可能逃脱父亲的控制，最后她选择以自杀的方式来解救自己。

而最后一刻，心里还在担心“我爸知道我选择自杀，可能会对我破口大骂吧，我真的太害怕了。”

在那段千字遗书中，出现频率最高的词就是“害怕”。

读着这位女孩敲出来的一个个文字，我们仿佛看到了她灰暗而绝望的人生，看到了她的无助和无法治愈的内心。

可能很多父母都觉得，不就是一句话嘛，不疼不痒的，怎么就会走向绝路呢？

著名心理学家苏珊·福沃德在《中毒的父母》一书中写到：言语虐待比身体虐待造成的伤害更长久。

我们有一句古话：好言一句三冬暖，恶语伤人六月寒。更何况还是来自我们最亲的人的“恶语”。言语的杀伤力有时候真的好比真刀真枪。

根据美国爱荷华大学一项研究显示：父母每天对孩子说的话中，只有不到20%的表述是积极和充满鼓励的。每个孩子平均一天会得到超过400条的负面评论，而正面评论却只有30多条。

一位心理咨询师复诊患抑郁症的孩子，孩子在看书，咨询师表扬说：“这孩子真用功。”妈妈紧接着说了一句：“用功，假用功。”咨询师急得直跳脚：“又说了又说了……”

心理咨询师好不容易解决了孩子的一些心理问题，结果妈妈一句话，前功尽弃。

无论怎么叮嘱，有些父母就是忍不住要用嘲讽鄙夷的语气和孩子交流。

当孩子长期处于父母的虐待下，负面的情绪找不到一个宣泄的出口，孩子迟早会崩溃的，轻者会患有抑郁症，重者会做出极端的事情：比如这位济南的女孩在花一样的年龄选择结束自己的生命。

还有些孩子则选择结束父母的生命，2018年日本出现了一起轰动全国的“弑母分尸案”，凶手正是受害者的女儿桐生希美。

2018年4月，日本滋贺县的河道堤坝附近，有人发现了一部分被切割的尸体。县警收到消息后赶赴现场，发现尸体疑似被锋利的刀具切碎，头部和四肢没有出现在附近，从已有信息只能推断出死者为女性，年龄在55～60岁。

根据司法解剖的结果，从被害者死亡算起已经过了一到两周，部分遗体已经腐化到骨骼清晰可见。

被害人生前是与谁结下了什么仇恨，被用如此残忍的方式杀害后，隔了这么长时间才弃置荒野?

而在媒体报道案情之后，更让大家疑惑的是，凶手为什么没有选择更隐蔽的地点抛尸，反而选择河道堤坝这种明显的地方，简直像要故意被人发现?

种种疑点拼凑出一桩似有隐情的杀人案件，而在后续调查结果披露后，这场悲剧引发了全国性的震撼。杀害这位女性并实施分尸的凶手，竟然是她31岁的女儿。

在随后媒体揭露的细节中，我们得知是因为母亲对女儿的控制和言语暴力，最终导致了这一场悲剧。

桐生希美出生于日本滋贺县草津市，是家中的独女。希美的父亲从事维修工作，忙起来经常昼夜不分，在她小学时父亲就搬到公司宿舍住了。于是从小学高年级开始，希美就单独和母亲岩村忍在一起生活。

母亲学历不高，只是高中毕业，这是她最大的遗憾。有了女儿后，岩村忍就想好好培养，让孩子将来读名校。岩村忍的生母曾离异过，再婚对象是个牙医，在当地很受人尊敬。这让她很受触动，想让希美长大后也当医生。

在母亲的影响下，希美小时候也想当医生，幻想能够像动画片《怪医黑杰克》的主人公那样救死扶伤。

梦想与现实之间总会有落差。希美在读初中时，成绩逐渐下滑。母亲岩村忍怒其不争，经常骂她又笨又傻，但她并不教孩子正确的方法，只是将字典摆在孩子面前，让孩子自己查字典并照着写。

但随着年龄渐长，希美发现，自己的成绩并不能支撑起这个梦想。到了高考的时候，成为外科医生的梦想，已经变得遥不可及。为了不辜负母亲的期待，即使知道会落榜，希美依然报考了家附近的国立大学医学系，而最终结果也在希美的意料之中，她没有考上。

好面子的母亲不愿意承认女儿的失败，她对外宣称希美考上了医学系，还让女儿也这样说。她想以这种方式断了女儿的后路，逼迫孩子继续读书，直到考上医学系。

希美不喜欢撒谎。为了摆脱母亲的控制，她想尽早工作。但当时希美是未成年人，没有母亲的同意她无法工作。

而母亲知道她的想法后，对她的管控更加严格了。她的手机被没收，没有丝毫的人身自由，连洗澡都必须和母亲一起。

高压必然带来反抗，希美开始离家出走。她前后3次偷偷走出家门，却都被私家侦探或者警察带回。希美觉得自己像活在一个囚牢里，母亲就是看牢人。

那样的生活，希美整整过了9年。从2005年到2014年，希美被母亲关在家里，目标只有一个：考上医学系。这9年，她在母亲的高压下无数次崩溃，又无数次强迫自己重回“正轨”，直到2014年，一次次尝试之后，希美终于考上滋贺医科大学的医学护理专业。上大学后，她和母亲的争执暂时也得到了缓和。

在大学学习过程中，希美发现自己感兴趣的职业是护士。在手术室里，她可以为主治医生递手术刀，帮患者变换体位，还要做手术记录……这些事情她都能做得很好，这让她逐渐恢复了自信心，也感受到生命的意义。

但在大二快结束时，希美未通过助产师课程考试。母亲勃然大怒，再次开始对她进行严格管控。

2017年，希美大四快毕业时，她被医科大学附属医院录取了，职业是她梦寐以求的护士。

但是母亲坚决反对，她逼女儿辞掉工作，继续参加助产师考试，还让她写保证书：“即使考不上助产师，也不会去做护士。”

长年以来忍受屈辱，最终拿下了满意的工作，而母亲却仅仅因为和她自己预想中的方向不同，就强迫希美放弃目前为止的所有努力。

为了让希美专心学习，母亲禁止她使用智能手机。希美曾偷偷用过，但不幸被母亲发现了。母亲歇斯底里地发作了，她愤怒地砸坏女儿的手机，并让她跪在院子里忏悔，自己则在一旁全程录像。

后来，母亲给了希美一个替代手机，上面还有辱骂短信：“烦人，你快去死吧！”

2018年1月，助产师考试结果出来了，希美没有通过。与此同时，希美的入职期限只剩最后一周，她鼓足勇气向母亲说明自己的意向：“我想当个护士。”

结果她被母亲一脚踢开，母亲恶狠狠地说："因为你，我掉入了不幸的深渊！"那一夜，母亲又吼又闹，彻夜不休！

那一夜开始，31岁的希美整个人都崩溃了，她觉得自己的忍耐到了极限。

2018年1月19日晚，希美给临睡的母亲按摩，后来母亲睡着了。希美取出藏在卧室的菜刀，刺进母亲脖子。母亲惊呼"好痛"，希美很害怕，又刺了一刀下去，直到母亲再也发不出声音。

几个小时后，希美发了一篇推文："怪物被打倒了，我终于安心了。"看着血泊中的母亲，她觉得自己肩上的负担好像没有了。

后来，她将母亲的尸首做分尸处理，四肢放进可燃垃圾回收处，身体放进圆形桶后，丢到了离家只有250米的附近河岸上。

小小的替代手机记录了她的心理变化。

"被逼到这种地步啊，我本来也有很多摆脱的机会，可惜还是没能把握住，好后悔啊。"

"快点决定吧，不要害怕。如果没有明确而强烈的想法，是不可能迈出那一步的，为此我要提前准备好。"

这之后，她以杀人、弃尸罪的罪名被逮捕入狱。

在狱中，希美说："有那么10年的时间，我被迫反复接受考试，在母亲的监视下过着囚犯般的生活。现在真正做了囚犯，心情反而要比那时轻松多了。虽然规则繁琐，但在监狱只要遵守规则，就不会受到斥责。而且狱警也不会对我说'讨厌'或者'去死吧'这种话。"

哈佛大学医学院马丁泰彻博士发现：言语暴力最容易影响的大脑区域是胼胝体（主要负责在大脑左右两个半球之间传递动机、感觉和认知信息）、海马回（主要负责情绪管理）和前额叶（主要负责思考和决策）。

孩子长期"被骂"会导致大脑前额叶中灰质减少，灰质减少预示着智力降低、认知迟缓、感觉迟钝，语言和记忆发展缓慢。

言语虐待给孩子带来的巨大压力，也会改变杏仁核（也负责情绪管理）。

如果长期处于压力下，杏仁核就会变得越来越大，越来越敏感，即使是一点点的压力，也能触发。它就像一个气球，当被吹得很大时，是相当危险的。只要施加一点点压力，就会爆炸；甚至有时候，会自曝。

试想一下，当孩子长期听到的都是“你就是个胆小鬼”“你怎么这么没用”“我怎么生了你这么个窝囊废”……的时候，他会变成什么样子呢？

语言带来的伤害，就像孩子身上的一个个隐秘的伤口，时间越长，溃烂越深，直到深入骨髓，无法救治。

那位济南离世的女孩子说，她知道父亲是爱她的，但是这份爱太沉重，让她感到害怕。

美国育儿专家西尔斯也曾经说过：爱孩子需要恰如其分，表达爱也要有尺度和分寸。

我们父母首先要做的事情，就是和孩子好好说话。

很多父母美其名曰舍不得打孩子，也就骂骂孩子解解气，于是便开始不分场合、不分时间、不分轻重，用各种难听的、讽刺的语言去挖苦、贬低孩子，让孩子心里觉得自己一无是处，从而产生极其自卑的想法。

而在这个时候，父母往往还会说“我这么说你是为了你好，我要不是你爸/你妈，我才懒得管你”等这样的话语。但其实从心理学的角度讲，这何尝不是“一匹披着羊皮的狼”，看似是为了孩子好，但却伤害孩子于无形。

这种具有虐待型人格的父母，一般都是一时对自己的身体和情感失去了控制。这些经常失控的人大多数在童年都遭受过虐待或者忽视。他们从原生家庭中几乎得不到物质或精神上的支持，于是就对被虐待的孩子抱有不切实际的期望。这样的父母建议接受一些相关的心理咨询和疏导，会感觉受益匪浅。他们应该清楚，虐待孩子只会让孩子学会使用暴力解决问题，经常挨打的孩子长大也会成为虐待型的父母。

每个孩子都是上天赐予的天使，他们带着本能的爱，让世间男女体会到被信任、被依恋的滋味。

为人父母，我们要珍惜这段难得的缘分，摆脱原生家庭对你的影响，守护孩子长大，尊重他们的想法和他们的人生。

三、缺位型父母：请陪孩子一起长大

由于经济因素、社会变革、家庭结构变化等诸多因素的影响，一些父母成为缺位型父母。他们的孩子由于父母外出务工等原因，长期独自留在家中，由长辈或者其他亲属照顾长大，成为留守儿童。

留守儿童因为父母不在身边，原生家庭教育不完整，有些人成为内心负面的“受害者”。

2003年，刘坤华出生于重庆的一个普通家庭，父母在他很小的时候就离婚了。离婚后没多久，小华的母亲就改嫁了，从此她就再也没有管过小华，而小华的父亲又常年外出打工，根本没有时间陪伴他，更不要说为小华提供良好的家庭环境和教育环境了。就这样，小华只能一直跟随在爷爷身边生活，成了一个不折不扣的“留守儿童”。

上小学时，小华因为不喜欢自己一个人待在冷清的家中，经常会在放学之后邀同龄小伙伴一起疯玩、互相陪伴，迟迟不肯回家。直到最后一个小伙伴回家后，他才不情愿地独自在街上漫无目的的溜达，有时候甚至一个人跑到田地里待上一天。

慢慢地，他开始意识到自己与其他小伙伴是不同的，别的小伙伴回到家后有父母做好的饭菜，开家长会也是爸爸妈妈去参加，而他自己，则很久很久没有看到自己的父母了。

他开始羡慕其他的小伙伴，甚至产生一些嫉妒。渐渐地，小华不再愿意跟别人交流，也不再喜欢跟同龄的孩子玩，性格变得内向寡言。而小华的爷爷并没有察觉到小华的变化，小华的心理也慢慢产生了极端的想法。后来，长时间缺少关爱的小华开始在校园欺负同学，横行霸道，通过校园霸凌来满足内心的需求。

14岁时，小华已经无法完成正常的学业，只能选择辍学，而小华的父母也从来不过问小华的情况。离开校园后，小华长期流连在网吧、台球室、歌厅等社会闲杂人员聚集的场所。在那里，小华跟成年人一起抽烟、喝酒、打架，直至在他人的诱导下开始吸食毒品。沾染了毒品的小华彻底坠入了堕落的深渊，他发现自己有限的生活费根本无法支持吸毒的开销。于是，小华开始想办法弄钱。

当时年仅15岁的小华，既没有能力、也根本没有意识到，赚钱要通过合法的方式、凭借自己勤劳的双手去实现。他开始伙同其他社会人员向年龄更小的学生收取保护费，指使学生在校园里替他兜售香烟。直到有一天，小华和其他社会人员一起吸食毒品后，其中一名社会人员往小华的衣兜里塞进两小包毒品，让他帮忙售卖。

小华根本没有多想，在15岁的他看来，吸烟和吸毒没有区别，贩卖毒品和兜售烟草一样简单，利润还更高，于是就应承下来。然而，小华第一次拿着从上家手中获得的毒品进行售卖时，便被公安机关抓获。直到这个时候，在公安机关的通知下，小华的父亲才知道小华辍学后，已经走上了贩卖毒品这条路。

2022年2月，法院依法审理了小华的案件。在审理过程中，承办法官了解到，在小华的成长过程中，他父母的长期缺位、不闻不问，是导致小华最终实施严重犯罪行为的重要原因。鉴于这种情况，经过法庭的综合评估，承办法官依据《中华人民共和国未成年人保护法》和《中华人民共和国家庭教育促进法》的规定，对小华的家长依法进行训诫并责令他们接受家庭教育指导。同时，法庭还邀请当地妇联、家庭教育专家共同对小华的父亲进行家庭教育指导。

在接受家庭教育指导后，小华的父亲深刻地认识到，自己对儿子小华走入歧途有不可推卸的责任，他感到万分后悔，表示今后一定会担负起父亲的职责，陪伴小华成长，对他悉心教导。

但值得注意的是，留守儿童不等同于父母的缺位。

诚然，在社会经济转型、城乡二元结构的背景下，农村劳动力大量地向城市转移，导致农村留守家庭与隔代教养现象普遍存在。但是，父母缺席、亲子分离就一定会带来父母养育的缺位和亲子关系的断裂吗？

我国学者通过对大量的农村留守儿童进行调研，发现留守儿童在社会文化的熏陶、亲子关系的感知、学校与社区重要他人的替代中，逐步构建起了基于他们自身视角的亲代在位（指父母在孩子心里的位置）的认知框架，这一认知框架成了促进他们积极向上成长的力量。

在中国农村留守家庭中，家庭成员分散居住生活在城市与农村。这对于中国传统的农耕型社会来说，是亘古未有的新事物。但从世界范围来看，家庭成员在生活上彼此分离（包括留守儿童家庭）是作为社会转型中一定历史时期的伴生物而出现的，是一种被英国学者吉登斯称为现代“家庭时空延伸”的社会现象。

相对而言，我们对国内留守儿童成长处境的忧虑，主要源于对原生家庭中可能存在的不良问题影响的担忧，这些问题往往因父母外出打工而造成的亲子关系疏离与割裂而被进一步放大。这样一种认识，一定意义上的确是对中国留守儿童的真实写照，也有助于全社会对留守儿童的关注和关爱。然而，过多地关注他们的负面情绪，也容易给留守儿童及其家庭带来歧视的感觉。

一般来说，留守儿童会更加独立自主、意志坚韧，承受压力的能力更强。

2014年5月，中国青少年研究中心组织实施“全国农村留守儿童状况调查”，发现留守儿童总体上形成了比较积极的价值观，对未来充满希望，向往城市生活，家庭关系良好。82.4%的留守儿童对未来充满希望，77.7%的留守儿童希望以后在城市生活，90.2%的留守儿童与母亲关系很好，89.4%的留守儿童与父亲关系很好，大多数留守儿童仍将母亲视为最重要的支持来源。

其实，对于大多数留守家庭来说，亲子分离的状态并不必然带来亲子关系的瓦解或碎片化。农民工虽然离乡外出，但这并不意味着他们与乡村及家庭生活的全面疏离。相反，他们通常会采取多种方式来积极维系家庭联系，努力维持家庭完整，并继续履行包括抚养子女在内的家庭功能。

同时，家庭与儿童都是能动者，他们在城乡二元结构中存在，但并不是被动地存在。对于大部分农村留守儿童来说，父母虽然很少与他们共同生活在一起，但在他们的意识中，家庭的这个框架还是存在的。他们明白自己是有父母的人（不同于孤儿），而且父母也以一定的方式关心着自己的成长。

当被问到外出打工的目的时，外出务工的家长们总是会脱口而出：“为了这个家，为了孩子。”留守儿童的父母往往通过打款、礼物、打电话、视频、假期返家团聚等方式弥补着物理空间上的鸿沟，努力维系着家庭关系的亲密状态，努力保持着亲子交往的基本底线。正是父母的这种家庭维系行动，维护着留守儿童对于完整家庭的信心。

留守家庭的电话、视频沟通常选在周末，通话内容除日常的嘘寒问暖外，孩子的生活和学习情况是聊得最多的内容，其次就是叮嘱孩子在家听监护人的话，不要调皮，注意身体、注意安全等。

这种保持比较密切的联系和沟通就是一种情感表达，在一定程度上减弱了分离的距离感。周末，留守儿童有不会做的作业时，会选择求助父母，虽然这种求助常常因父母不能接电话而不成功。但只要接通了电话，父母即使不具备解答能力，也会尽量想办法。孩子也会在电话中表达自己的诉求，如买学习用品、玩具等。有些孩子，尤其是女孩会更加认真地学习，以不辜负外出父母的教育期望。

外出父母返乡时给孩子带礼物的比例高于留守老人，这些礼物主要有学习用品、衣服、食品、玩具。生日对于留守儿童来说，应该是他们一年当中最喜欢、最期待的日子。对400名留守儿童的调查发现，在他们过生日时，55.3%的外出父母会打电话问候。

另外，研究人员还研究了父母婚姻质量对留守儿童亲子关系的影响。在对比一所农村完小的学业成绩发现，父母关系和谐的留守儿童的学业成绩与非留守的学生学业成绩相比并不存在显著性差异，甚至略强于后者。但是，如果父母在外出期间夫妻关系破裂并且没有做好对子女相应的安抚措施，则会给孩子造成“毁灭性”的打击，他们在心理平衡和学业成绩上都明显下滑。

当然，留守的孩子更希望父母有机会回到自己身边。一些进入初中的留守少年，在青春期故意调皮捣蛋，不认真学习以使自己的学业成绩下滑，引起父母注意，好让他们回来管管自己。也有的留守儿童故意不认真学习，其主要动机是“让父母早点觉得自己不是读书的料”，这样就可以“早点出去打工”，就可以顺势达成“和父母团聚”的愿望。与父母共同生活的难忘记忆和情感依托，构成了留守儿童的精神家园和生活动力。

自20世纪90年代以来，留守家庭的模式已经在我国大规模地存在了30多年。“外出务工”是农村留守家庭的大事。要不要“外出务工”，“外出务工”是为了什么，谁“外出务工”，谁“留守在家”，“外出务工”之后家庭如何安排，“外出务工”之后如何处理未成年人的成长与教育问题，这些问题都决定着留守家庭是否会出现父母缺位的情况。

我们发现，父母外出务工，并不必然意味着父辈在家庭结构中的消失。父辈外出打工后，很大一部分人选择将孩子交给祖辈照顾，随父母外出务工的孩子则在学龄期被送回农村交给祖辈。从整个家庭系统而言，祖辈对孙辈的隔代教养，其实是传统家庭夫妻制的一个变种。

传统的夫妻是“男主外女主内”，而在留守家庭中，外出的父辈临时承担着传统家庭意义上“主外”的角色，祖辈则临时承担起了传统家庭意义上“主内”的角色。在当前城乡移民大潮中，这种新的三代家庭结构，实际上是养育孩子的一种合作机制。祖辈的参与让留守家庭“不在一起的共同生活”成为可能。

这种隔代抚养，既能加深孩子对于父辈及家庭的理解，也能增强孩子心理上的亲代在位，对于孩子与父母之间的亲子关系、孩子的亲代在位的建构，都起着重要作用。

以上的这种缺位，是由于生活压力大，父母在外务工，孩子在家留守所造成的。

四、角色型缺位父母：请不要缺席孩子的成长

父母本来在身边，但是没有参与到孩子的家庭教育中来，这种“丧偶式育儿”对孩子的成长影响是非常大的。

《中国青年报》的记者曾经做过一项调查，针对父亲在教育方面的缺位，68.9%的受访者认为孩子很难培养勇敢坚定等品质，56.8%的受访者感觉孩子成年后容易遭遇情感问题，43.7%的受访者担心孩子从小认知发展受阻，39.7%的受访者觉得孩子的体格发育容易出现障碍，还有25.0%的受访者担心这种缺位更容易造成夫妻关系的紧张。

家庭中父亲的角色缺位会让这类孩子产生爱的饥渴，同时，又不知道怎样得到爱、接受爱，并从内心深处感觉自己不值得爱。

父亲这个角色，任何人都无法替代。

在孩子看来，父亲是一个活生生的榜样，一个看得见摸得着的英雄。对子女来说，父亲是否明辨事理，直接影响孩子养成怎样的价值观。父亲的世界观、人生观和价值观，直接影响孩子一生的品行。

美国儿童心理学家詹姆斯·杜布森曾说，孩子的自我价值和自信，都和他与父亲的关系直接相关。

2016年有一部电影叫《一切都好》，张国立饰演的退休地质学家管志国有4个人人称赞的儿女。妻子去世后，4个子女都不在身边生活，父亲管志国感到有些寂寞，于是决定写回忆录打发时间。

然而，在撰写过程中，他渐渐意识到，孩子们的幼时记忆存在着很多模糊之处。所以，他想借着探望他们时，把那些问题弄清楚些。

比如，大儿子什么时候得的水痘，8岁时因为什么离家出走，诸如此类的琐事孩子们可能已经忘了，但是他想弄清楚。

原来，作为一名地质学家，管志国常年在外地工作，4个孩子都扔给了妻子一个人，他仅凭与妻子之间1000多封信件来了解家里的所有事情。他缺席了4个孩子的成长，没有给他们足够的父爱。孩子们的所有心事也只会和妈妈说，他对于孩子们来说，更像一个陌生人。

于是，管志国决定出趟远门，去探望那些在电话里告诉他“一切都好”的孩子们。

他发现，4个孩子多多少少都因为幼儿时期的父爱缺失，导致人生过得不如意。

在职场上呼风唤雨的大女儿，事业成功让人羡慕，但是婚姻早已破裂，而她依旧在父亲面前假装幸福。

为梦想创业的大儿子，因为资金紧缺，早已抵压了唯一容身的房子，与合伙人一起住在“贫民窟”的集体宿舍里。他一直觉得自己在父亲眼里是个一事无成的人。当然，作为父亲的管志国也没有在青春期给予他鼓励和正确的引导。

小儿子从没有和父亲提过，因为事业不顺心，他远走西藏散心，结果遇到雪崩，侥幸捡回一条命。

小女儿远在澳门，生活和事业不顺心，作为父亲的管治国对此却一无所知。

有研究表明，无论男孩还是女孩，如果在童年时得到父亲较大程度的关爱，都可能会有更高的智商，更好的学业成绩和更少的行为问题。

男人和女人相比，相对不喜欢表达，这样会给孩子留下严厉、沉默的形象，所以很多人会忽略父亲这个角色对孩子的重要性。

事实上，父亲身上的很多特质，是母亲所不具备的。父亲的这些特质，会对孩子的成长起到正面的作用，让孩子更好地成长。

孩子在成长的过程中，需要父亲的陪伴，这是孩子独立的前提条件之一，也是必须具备的条件之一。

孩子缺失父爱，产生的“影响”很明显，在男孩和女孩身上有明显不同的表现。

女孩长大后会故意表现坚强，不愿意结婚成家。

不少缺失父爱的女孩长大后，在择偶方面会偏离正常的轨道。只要有人稍微关心她，她就会被感动，很容易上当受骗。

父爱的缺失，让这些女孩在成长中始终感觉到母爱的绵软，即便母爱中也有坚毅的一面，但是在这些女孩心里，还是觉得自己缺少了力量。有些事情需要父亲撑腰，可父亲总是敷衍了事，喜欢的时候就逗逗孩子，不喜欢的时候就躲到一边，久而久之孩子就会缺乏跟父亲沟通的欲望。

伴随着父亲的缺位，父亲对母亲的感情一般也不亲近。这些女孩在成长中感受不到父亲的爱，她会尽可能扮演父亲的角色去爱自己的母亲。

成年后，到了择偶的时候，这些女孩由于自己感受不到异性的力量，对异性会有排斥，不愿意走进婚姻，因为害怕自己再次被忽略，被伤害。

这个影响对于这些女孩来说是不可逆的，所以，她们会故作坚强，实际上内心空洞，缺乏安全感，更多的是自卑。

男孩长大会喜欢制造冲突，同时性格又比较软弱。

男孩如果在成长中缺乏父爱，性格里就会有懦弱的种子，因为平时对父亲不满又说不出来，只能自己消化，直到这种积怨一天天长大憋不住了，就会主动与父亲争吵，以求得父亲的关注。

著名心理学家弗洛伊德在《图腾与禁忌》一书中提出，在人类发展早期，父亲拥有绝对的权利。当儿子长大后，一旦拥有了可以和父亲抗衡的力量，就会产生反抗父权的想法。

而对于自己的母亲，男孩会学着扮演父亲的角色，对母亲给予更多的爱。可是受到母亲的影响，男孩的性格一般会偏于感性，性格方面会有缺陷。

对于男孩而言，可能这就是一辈子不能提及的“隐秘”，会影响男孩的择偶观，影响他今后组建家庭。

前面我们讲过，父母与孩子最健康的关系是等边三角形。三条边的关系，不能被代替、改变或者拒绝。要想孩子的身心健康成长，表面上的家庭完整还不够，父亲的角色付出才是关键。

父亲是孩子成长的路标，孩子要完成“精神断奶”，成长为一个性格完善的人，父亲扮演着非常重要的角色。

男孩进入学龄期，会逐步和母亲分离，解脱情感纽带，转而从父亲身上获得生命的价值感与使命感，获得生活的智慧与自律的技巧，以父亲为榜样，成长为一个成熟男性。

而女孩进入学龄期，需要解脱与母亲的情感纽带，从父亲身上获得爱与接纳，获得与异性相处和沟通的技巧，以父亲为偶像，成长为一个自尊自爱、自信自立、情感成熟的女性。

在青春期后期，女孩需要与父亲在情感上分离，再次回到母亲这里，与母亲建立更加深厚、互补的感情纽带，为自己今后成为合格的母亲打下良好的基础。

父亲就是孩子想象中的这个强人，是相助孩子人生的贵人。

有时候并不在于父亲真的做了什么，而在于有父亲这么一个人物形象的存在，就足以让孩子心有雄兵百万了：因为他随时会站在我的身后，我有了困难他一定会伸手相助；我闯了祸，他一定会替我收拾残局。

一个好爸爸胜过一百个好老师，爸爸的赞美与表扬对于孩子的一生来说，是极其重要的。

因为有了父亲的参与，婴儿逐渐认识到，除了妈妈之外，这个世界上还有另一个人，而这个“发现”可以帮助婴儿重新认识周遭的环境——从爸爸扩展到家庭中的其他成员，最终扩展为更大的世界。

母婴关系能否顺利分离很大程度上关系到孩子今后在心理上能否健康成长，也是“父亲必须在场”的真正原因。

再进一步说，随着孩子的成长，父亲用一种强有力的形象，帮助孩子产生认同自身力量和能力的自信心，相信自己能够成为自己的主人，这种自信最终又会让孩子能够脱离父亲的权威。

到这时，孩子也就走向了真正的成熟，真正地长大了。

现实中，这几种伤害，也许并没有必然的界限，有毒的父母可能既爱掌控，又会有言语及身体上的虐待。

了解这几种类型，并不是为了给父母定罪，而是为了帮助我们更好地界定自己身上都发生了什么，从而找到方法来消解负面影响，防止将同样的伤害传递给我们的下一代。

那么，你的父母是否曾经对你有过以上某种伤害；你是否对童年的经历有了新的认识呢？我们不妨回答下面的问题。

1. 他们是否很强势，不允许你对他们的话有所质疑或反对。
2. 他们对你期待过高，无形中给你施加压力。
3. 在你选择学校、工作和恋爱对象时，他们总是横加指责。

4. 他们曾辱骂过你“笨”“傻”“丑”。
5. 他们拒绝承认自己的错误。
6. 他们说过“我怎么养了你这样一个儿子(女儿)”?
7. 他们说过“不要你这个孩子”这样的话来威胁你。
8. 家里都是他们说了算,都要以他们为中心。

如果上面8道题中,有4道你都选择了“是”,那么你的父母就是有毒的父母。我们要时刻谨记,不要让这样的错误发生在自己身上。

第 7 章

教育孩子是一场父母的修行

教育好孩子，是父母一生中最重要的事业。无论父母赚多少钱，取得多大的荣誉，都比不上教育好自己孩子的荣光。父母是孩子的终身教师，怀有对孩子一生的责任。

——《人民日报》

2021年10月20日，一则“父女因为一万元生活费产生争执，父亲劝留学西班牙的女儿节约点，却遭到女儿辱骂”的消息登上了热搜。

事情的起因源于那天早上父亲看到信用卡账单，于是便询问女儿刷的44.52欧元买了什么？女儿表示买了生活用品。

父亲说给她的信用卡是应急用的，平时不要用，而且之前说好每月生活费控制在1万（人民币）以内，但是女儿每月都超支。

女儿和父亲的聊天截图被人发到网上，立刻引发网友热议。

聊天截图内容如下：

父亲：爸爸不是跟你吵架，

希望你懂事，能理解爸爸的不易。

女儿：我也很不容易，我不可能不吃饭。

父亲：你要有独立意识啊！

已经23岁了，要独立啊！

爸爸51周岁了，已经老了。

没有能力一直养你。

……

其实，这位父亲有些无奈，他每月工资13000，每月要给女儿11000。父亲平时节衣缩食，但依旧满足不了女儿开销。他希望女儿能理解他，而且她都23岁了，应该学会独立。

女儿急了，表示自己平时消费都是吃和用，并没有乱花钱，对于父亲的诉苦不理解也就算了，还气不过，在朋友圈辱骂自己父亲：“xxx（父亲的名字）用了50欧元就大清早跟我吵架的恶心玩意。”

网友看到后愤怒了，父亲省吃俭用每月给你打钱，你却嫌少，还公开辱骂自己的父亲，这不活脱脱的白眼狼吗？要知道1.1万人民币抵得上一个西班牙中产家庭一个月的开销了，西班牙留学生的平均开销大概在每月7000人民币左右。

也有很多网友看后，表示十分心疼这位父亲，也对一个23岁的孩子为什么会如此对待父母产生了疑问。

女孩的父亲出生于20世纪70年代的苏北农村。苏北农村比较贫穷。从小学到初中，再到高中和大学，女孩的父亲因为经常挨饿，所以有比较强的危机感。虽然后来女孩的父亲依靠北大毕业的背景，在上海立足，但出于原始的危机感，孩子小时候，父亲会逼迫她学习，稍不如意就暴跳如雷，让她担惊受怕吃了不少苦。

后来父亲也承认，随着阅历的增长和知识结构的完善，他开始认识到自己以前的教育出现了较大的问题。在“为了孩子好”的心理掩护下，父亲犯下了不尊重孩子天性，把自己的主观意愿强加到孩子身上的错误。现在，父亲意识到当时应该尊重孩子的天性，让孩子拥有健康和坚强的心智远远比学习成绩或获得金钱更重要。

是的，教育孩子，是父母最重要的事业。

我们常常会思考教育孩子的目的是什么？

教育的目的是为了让孩子考试考出好成绩，大学能进名校，毕业后找一份高薪而体面的工作，将来光耀门楣吗？

在学生阶段，分数确实是衡量孩子学习水平的一个重要手段，但作为父母，我们更应该看重孩子的品质培养。成绩固然重要，但是孩子在取得成绩的过程中，获得的心理成长更加重要。

教育的最终目的，就是为了让孩子的身心健康地成长，**拥有获得幸福的能力。**

什么是幸福？每个人的理解不同。

美国总统罗斯福说：幸福来自成就感，来自富有创造力的工作。

列夫·托尔斯泰说：爱和善就是真实和幸福，而且是世界上真实存在和唯一可能的幸福。

罗曼·罗兰说：幸福是灵魂的一种香味，是一颗歌唱的心的和声。

我的理解，幸福是一种自在快乐的感觉。

幸福就像沙漠里一眼清澈甘甜的泉水，

幸福就像黑暗中一盏指引方向的明灯，

幸福就像夏日里一缕沁人心脾的微风。

要想真正地理解幸福，获得幸福，就要理解它的几层含义。

一、幸福是内在的

这种自在快乐的感觉来自心理和精神层面，不是通过外部刺激获得的。

曾经看过一个小故事：有一对夫妇，家里并不富裕，不能经常吃到肉，吃得最多的就是鸡蛋。丈夫喜欢吃蛋白，妻子喜欢吃蛋黄。他俩结婚以后，每次吃鸡蛋时，妻子就把自己喜欢吃的蛋黄留给丈夫，丈夫则把自己喜欢吃的蛋白留给妻子。就这样，两个人吃了50年，从小两口变成老两口。有一天老两口坐下来聊天，才发现原来对方喜欢吃的和自己喜欢吃的不一样，两位老人相拥而泣。

这对老夫妇为什么会相拥而泣？难道是因为吃错了50年的鸡蛋而伤心吗？当然不是。这对老夫妇一起携手走过几十年，一直为对方着想，所以内心过得很满足很自在，后来发现原来对方一直都在为自己着想，对方是如此的爱自己，那一刻彼此内心涌起了无限的感动，这就是一种幸福。

有人说，这对老夫妻多傻啊，50年也没吃到自己喜欢的。要是我，我就直接跟妻子说，我喜欢吃蛋白，把蛋白留给我；你喜欢吃蛋黄，蛋黄给你。那不是都可以吃到自己喜欢的食物吗？

不理解老夫妇的人，是因为他们习惯首先考虑自己的需要，不习惯为对方着想。他不会知道，吃到蛋白和蛋黄那种即时快感持续不了多久，那不过就是一时的口腹之快，这种快感马上就会消失。

其实这对老夫妇不是傻，不懂得变通，而是将欲望搁置，在内心默默地为对方付出，即使没有得到最爱的食物，但是内心的丰盈却是无法比拟的，这就是幸福。

二、幸福是积极的

这种自在快乐的感觉是一种积极的心态，一种凡事都往好处想的心态。真正幸福快乐的人活得轻松、阳光，是个“乐天派”。

在一个小山村，住着一对残疾夫妇，女人双腿瘫痪，男人双目失明。一年四季，女人用眼睛观察世界，男人用双腿丈量生活。时光如水，却始终未冲刷掉洋溢在他们脸上的幸福。

当有人问他们为什么觉得幸福时，他们异口同声地反问："我们为什么不幸福呢？"男人说："我虽然双目失明，但她的眼睛看得见啊！"女人说："我虽然双腿瘫痪，但他的双腿能走路啊！"

这就是幸福，一种积极面对困苦生活的心态，一种乐观豁达的胸怀，一种随缘自娱的人生境界。

既然上帝给你关上一扇门，你就要为自己打开一扇窗。

拥有了这种胸怀，人的心灵犹如注入一眼活水，拥有了一双灵动的眼睛，拥有了发现幸福、发现美的能力。

"曲径通幽处，禅房花木深"是美，"大漠孤烟直，长河落日圆"是美，为什么"枯藤老树昏鸦"就不是美？拥有了这种胸怀，就可以用心去品味这种美。这就是乐观，这就是幸福。

拥有乐观的人生态度是幸福的支柱。生活是多姿多彩的，关键是看你用什么样的心态去面对，用什么样的眼光去看待。拥有一个正确的视角，你会发现生活原来如此的美好，这就是幸福的积极性。

幸福的人，在他们的字典里没有"困难"二字，面对生活中的种种不易，不变的永远是一颗敢于面对的心。真正幸福快乐的人从来都"不找理由，不找借口"，永远都在"找原因和想办法"，他们有目标但不执着于目标，他们关注过程远远比关注结果要多得多，他们对生活和工作充满了"积极的信念""正向的暗示"和"快乐的状态"，在无条件地爱这个世界的过程中享受精神和心灵的愉悦。

三、幸福是普遍存在的

幸福和快乐是无处不在，无时不有的。你如果感觉不到幸福，不是你不幸福，而是你没有用心灵去感悟幸福。法国著名雕塑家罗丹说过："生活中并不是缺少美，而是缺少发现美的眼睛。”幸福也是如此，生活中不缺少幸福，而是缺少感受幸福的心灵。没有感受幸福的心灵，我们就不知道幸福是什么感觉。

比如我们经常讲的知足常乐、天伦之乐、自得其乐等都是普遍存在的。

四、幸福具有恒久性

幸福快乐的感觉不像身体器官感受快感一样短暂，瞬间消失，而是很多年以后再回想起来还是那样深切和深厚，还是那种值得回味、沁人心脾、温暖人心的感觉。

例如老师，那种桃李满天下的成就感，无论什么时候想起来，都能让人沉浸在深深的幸福与快乐之中。即便退休在家，每当接到学生的一个电话或收到一条微信，那份由衷的喜悦瞬间便能让人喜笑颜开。

五、幸福可以共情

幸福是可以共情的，我能够感觉到你的幸福，你也能感觉到我的幸福。你高兴，带给我的是高兴；我开心，带给你的也是开心，大家都开心。幸福是那种心心相印的感觉，也是那种见贤思齐的感觉。

只是寻求身体和欲望的满足，不是真正的幸福，能够体会到精神和心灵的快乐，才是真正的幸福。家庭教育的最终目的是帮助孩子寻找到真正的幸福。

孩子，是上天赐予我们的礼物，珍贵而又值得呵护；孩子，也是上天派来的导师，让父母在孩子的帮助下完成一场生命的修行。

这一场修行应该是由内向外，由正心到修身的过程。

先讲讲内心，回想一下，孩童时的我们，幼稚、任性，考虑问题简单，我们是什么时候感觉自己变成熟了呢？

是18岁生日完成成人礼的那一刻吗？

是离开校园踏入社会的那一刻吗？

还是和心爱的人领取烫金结婚证的那一刻呢？

都不是，我相信，在经历以上这些瞬间时，你一定心潮澎湃，甚至热泪盈眶。但这些更多的是一种感动，不是心理的成熟。

那什么时候才算心理成熟呢?

我们真正意义上的成熟是有了孩子，懂得了什么叫作“责任”。在拥有自己的孩子之前，我们每个人都是懵懵懂懂的，心里其实都住着一个还没长大的自己，遇事习惯性向爸妈撒娇，平时生活也没有规律，喜欢随性而为，自己怎么舒服怎么来。但一旦有了自己的孩子，看着自己怀里的小宝贝，便迫不及待地想让自己强大起来，给孩子足够的依靠。

孩子的到来，帮助我们在精神层面上彻底“断奶”，褪去身上残留的稚气，内心变得成熟、沉稳起来。

从孩子吃饭、穿衣再到睡觉，父母都注入了全部的爱意，也变得非常有耐心了，对孩子的照顾也是非常地细心。看着小家伙可爱的模样，父母的内心也变得更加柔软和善良。

综上所述，父母修行的第一个阶段，就是练就一颗成熟的内心。

教育孩子是一场父母的修行，修行的第二个阶段是学会包容。

每个孩子都是上天赐给我们的与众不同的天使。如果你的孩子是蜡梅，那么就不可能在夏天绽放，等待他的是冬天的盛开。每种花有花期，每个孩子也有自己的时期。我们不要强求让蜡梅在夏天开放，也不要去强求自己的孩子一下子就变得聪明起来。

有时候我们会因孩子的优秀而兴高采烈，但有时候也会因为孩子的错误恨铁不成钢。但无论如何，在孩子成长的过程中，我们要学会真正的包容，包容孩子的优点，更包容孩子的缺点。如果我们能做到对孩子真正地包容，就一定能听到“花开”的声音。

包容也能培养孩子的品质，让他不回避错误又能善解人意。

小羽家里有一台非常精美的收音机，是爸爸的老师送给爸爸的一件礼物。爸爸非常喜欢这台收音机，每次使用后，都会小心地擦拭一遍。

一天，爸爸看到精致的收音机变成了一堆零件，7岁的小羽坐在沙发上，耷拉着脑袋，不敢看爸爸一眼。爸爸先冷静了一会儿，接着蹲下来耐着性子问：“你为啥把收音机拆了?”小羽说：“收音机会说话，我想拆开看看里面都有些什么东西？但是装不上了。”说着说着，小羽鼻子一酸，差点儿哭出来。

爸爸又问：“收音机里边有些啥？为什么会说话，你知道了吗？”小羽回答：“我还是不知道。”爸爸说：“那你要好好读书，将来你就知道它为什么会说话了。但是你现在随便将收音机拆开，把它弄坏了，这就不对了。以后做事前要多想一想。家里的东西不能随便乱动，否则会损坏的。”小羽重重地点了点头！

我们中国自古以来是礼仪之邦，与人相处，喜欢宽以待人。许多人对别人能宽容，唯独对自己的孩子不能。孩子弄坏了玩具、家庭用品等，不由分说就是一顿打。他们认为，这样教育过后，孩子就不敢乱来了。

其实，好奇心人皆有之，孩子的好奇心更强，只是成年人理智，而儿童缺乏理智。孩子的初衷并不是想把东西弄坏，而是想弄个明白，探个究竟。因此才会出现把收音机拆开、将闹钟放入水里这样的事情。

遇到这种情况，我们要保持足够的包容，才能让孩子真正地学到东西。

包容犹如孩子心灵成长的氧气，如果没有充足的氧气供应，人很快就会窒息甚至会丧失生命力。

当一个人绝望的时候，最需要的是亲人的包容。父母永远是孩子心中最坚实的后盾，家永远是浪迹天涯的游子最终的港湾。

教育孩子是一场父母的修行，修行的第三个阶段是学会尊重。

在传统观念中，孩子是父母血脉的传承人，理所当然要从属于父母，理所当然地要唯父母之命是从。生活中，我们常常能看到父母干涉孩子的生活和学习，把自己的喜怒哀乐强加给孩子。

孩子虽小，但也应具有和父母平等的人格。我们可以不认同孩子的想法，但我们应该尊重孩子的想法。

父母如果不尊重孩子，会对孩子的成长有什么不良的影响呢？在得不到父母尊重中长大的孩子，他难以对父母产生正常的“孺慕之情”，反而会出现恐惧、排斥、厌恶等心态，无法自然亲近自己的父母。

心理学研究显示，当一个孩子的情感被成年人忽视或否定时，他会产生困惑或愤怒的情绪。在这些负面情绪的驱动下，他会选择避免与成年人交流，或使用自己的语言和行为与父母争吵，以抵制父母对他的不尊重。

在这种情况之下，当孩子的独立意识萌芽，就会对父母的教育产生反抗之心，想要追求独立与自由，而不会在不尊重自己的父母的眼皮底下，做一个听话的玩偶。

在这种不受尊重的环境中成长起来，孩子的性格也会受到严重的影响，可能会产生自卑、懦弱的性格特征，因为他无法掌控自己的人生，无法拥有自己做主的决定权，从而丧失自信。

教育孩子是一场父母的修行，修行的第四个阶段是学会感恩。

俗话说：前六年操心，后六十年省心。当了父母的人都知道，为孩子操心从来不止六年。从孩子来到这个世界，父母就得为他操心一辈子，即使多年后孩子为人父母后，在我们眼里还是孩子。

“养儿方知父母恩，读懂已是中年时”。最爱你的人，最牵挂你的人，永远是你的父母。父母渐渐苍老的容颜，记载着我们走过的漫长而艰辛的岁月，只有当我们自己养过孩子才终于明白父母的一片苦心。我们学会了感恩，诚恳地对父母说一句感谢，感谢他们给了我们生命，感谢他们对我们的每一次付出，感谢他们为我们牵挂、着急的日日夜夜。

读完了这章，你有没有醍醐灌顶的感觉？请认真对照自己，回答如下问题。

1. 你是否觉得应该把养育孩子作为一项事业来对待？
2. 你是否能和孩子成为朋友，孩子有秘密会和你分享吗？
3. 你相信“棍棒底下出孝子”吗？
4. 你理解幸福的含义吗？
5. 你有没有把父母对你的错误方法，用在你的孩子身上。

如果上面这5道题中，有3道你选择了“是”或者“有”，说明为人父母的你还需要继续修行。

第三部分

向内归因，与原生家庭和解

第 8 章

放弃幻想，寻找内因

每个人（在成长中），都会遭受到两支箭的攻击：第一支箭是外界射向你的，即我们经常遇到的困难和挫折本身。第二支箭是自己射向自己的，它是因困难和挫折产生的负面情绪。

——佚名

我们成年后，会遇到工作、生活、婚姻、家庭等各个方面的问题，感觉到苦闷时，我们倾向于去寻求解决的方法，怎么解决呢？人们通常认为，要想解决一个问题，必须要找到这个问题发生的根源。

我疗愈过的一位学员琴琴，遭遇了婚姻的不幸。当年，随着年龄的增长，琴琴的闺蜜都陆续结婚生子。于是在父母的催促下，她与现在的丈夫相了亲。当时琴琴觉得这个男人为人老实、正直，是自己喜欢的类型，相处不久后两人就结婚了，琴琴和丈夫、公公婆婆住在一起。

不久，琴琴就有点儿后悔了，原来结婚之后她发现丈夫是个彻头彻尾的妈宝男，遇事没有主见，凡事都要听他妈妈的。婚后和公婆住在一起，丈夫的工资全都如数交给他妈妈，还要让琴琴一起缴家用，美其名曰是为了他们攒钱。丈夫恋爱期间勤快能干，结果婚后一改常态，他在家从来不干活，理由是他妈妈说干家务是女人的事情，因此下班回到家的琴琴还要拖着疲惫的身体承包全部家务。

如果做得不好，婆婆还要给脸色看；当婆媳之间出现矛盾时，男人都会躲得远远的，这让琴琴身心俱疲，对丈夫的爱也逐渐减少。

最让琴琴寒心的是一次她生病，高烧达到40℃，但是丈夫竟然拒绝送她去医院，理由是他妈妈说发烧不是病，不能去医院，甚至还让琴琴起来做饭，因为他妈妈头晕做不了饭。

生活中这种例子数不胜数，在丈夫心里，琴琴永远排在婆婆后面，这让琴琴痛不欲生，她一直在想要不要离婚……

后来，琴琴终于说服丈夫在外面租了房子，搬出了婆婆的家，过了一段时间的幸福生活。虽然婆婆还是会经常上门来说三道四，但和以前比起来，已经非常好了。

不久，琴琴怀孕了，由于孕期反应很大没法工作，琴琴就辞去了工作在家安心养胎。这样一来，丈夫便承担了全家的开销，导致生活变得有些拮据。

婆婆知道琴琴怀孕后很高兴，主动提出照顾她，经常炖鸡汤带过来，还给琴琴零花钱让她买爱吃的东西，琴琴开心地以为婆婆变了。

结果令人意想不到的事发生了，就在琴琴生下女儿的那一刻，婆婆当场不高兴了，抛下母女俩回了自己的家，还让琴琴把之前给的零花钱还给她，琴琴只能叫自己的妈妈过来帮忙。

几个月后，婆婆来看孩子，那天琴琴妈妈正好出去买菜了。婆婆一进家门就看哪里都不顺眼，一会嫌弃孩子哭闹，一会又嫌弃琴琴给孩子用的纸尿裤太贵太浪费钱。

就在琴琴给孩子刚换上干净的纸尿裤后，孩子又尿了，婆婆又开始唠叨起来："刚换上的尿片又浪费了，真是败家，真是有什么样的妈就有什么样的孩子。"说完她婆婆还打了孩子一巴掌，孩子疼得哇哇大哭。琴琴再也忍不了了，和婆婆扭打在一起。

琴琴的丈夫回家后知道了事情的经过，不顾琴琴妈妈的阻拦，抬手打了琴琴一巴掌，非要她给婆婆道歉，一点儿都没有考虑琴琴的感受。丈夫这样的反应让琴琴彻底寒了心，一气之下便和老公离了婚，琴琴的婚姻就这样结束了。

这样的"妈宝男"就是我们常说的"巨婴"。何为巨婴，就是身体已经发育成熟，但心智上仍停留在幼儿时期。他们有时极度自私，以自我为中心。他们不会考虑自己的思想、情绪和行为会不会对别人产生影响。

恋爱中如果我们遇到了妈宝男，最明智的做法就是撤退，但是很多女孩都判断不出对方是不是妈宝男。那么，如何判断这个男人是不是妈宝男呢?

其实，**妈宝男有非常明显的特征。**

第一，这种男人的日常口头禅就是"我妈说了""听我妈说"。他们在日常生活中不会做决定，表达的想法和意见大多数来自于他的妈妈，所以就会经常性地出现"我妈说""我妈不让"类似的话语，其实这都是通过日常生活的点滴，日积月累形成的。

第二，日常行程都要向妈妈报备。无论是约会、工作还是出差都会第一时间和妈妈报备，甚至会在约会时和妈妈讲述发生的所有事情，事无巨细，甚至通过微信或者电话时刻保持联络。

第三，逃避责任，推卸责任，自私没有主见。妈宝男在生活中，碰到问题就推卸责任，没有主见，也没有责任心。一旦在生活中遇到问题，他们就只会向母亲寻求帮助或者把妻子推到最前面。

第四，婆媳之间发生矛盾，不论对错，只要他妈妈说的都是对的，妻子永远是过错的一方。

做出巨婴的种种行为是因为他们拥有巨婴心理，拥有这种心理的人，会有几个共同的特点。

第1个特征：共生心理。

所谓共生心理，即是作为个体的成年人，无法独自生存。没有生活能力，极度依赖他人，认为别人和自己没有区别。

我疗愈过一位朋友，她和她老公结婚十年，后来却执意要离婚，理由就是她老公一回家就打游戏，完全没有独立生活的能力。别说家务了，她老公连内裤都是丢给他妈妈洗，这其实就是典型的巨婴。

巨婴会认为所有人都该让着他，不管他的理由是什么，都是正当的。所有指责他的声音，他都不听。

在他眼中，自己就是上帝，都是对的，其他人和万物都需要围绕着他，一切就应该是这个样子，如果不是这样，那就是你错了。成年巨婴对自己的过错没有一点儿意识。

第2个特征：全能自恋。

全能自恋，是每个人在婴儿早期都会具备的心理，从出生到6个月，婴儿会认为自己就是宇宙的中心，所有的需求都应该得到满足。

他们会觉得自己是无所不能的：我一动念头，和我完全浑然一体的世界（其实是妈妈或其他养育者）就会按照我的意愿来运转。

全能自恋是婴儿典型的心理特征，但是成年人拥有这种心理的杀伤力则是巨大的。

全能自恋有四个阶段的变化。

第一个阶段：全能自恋。我觉得自己像神一样，一发出号令，必须立刻得到积极的回应。

第二个阶段：自恋型暴怒。当我发出一个愿望，哪怕这个愿望很小，但是如果这个世界或者我期待的对象没有满足我这个“全能神”的诉求，我就立刻变得暴怒，在暴怒的时候恨不得毁掉对方，恨不得摧毁自己的执行者，严重的时候恨不得摧毁全世界。

第三个阶段：彻底无助。我会发现自己做不了全能的“神”，我会感觉到自己僵在那里动弹不得，发现自己好像完全有气无力，身体就像是失去了所有的功能一样，例如当失恋、失业或者受到了某种打击时，我们会发现自己有段时间完全是动弹不得，有气无力，感觉自己像被杀死了。其实这个时候我们可以把它理解为挫败，也就是我被暴怒打倒了。

第四个阶段：被害妄想。总觉得有一个人害了我，导致了我的所有的不幸！为什么叫被害妄想？因为很多时候，这种伤害是不存在的。

第3个特征：偏执分裂。

偏执分裂是全能自恋的另一个极端，当所有需要无法得到满足，巨婴成年后就会转向另外一边，即心理偏执分裂。

要么变得狂热地“追星”，把自己代入某个明星，事业有成、颜值高、性格好、身材好、爱情完美，整个人充满全能自恋的幻想。

要么对现实世界极度不满，暴怒。有些“路怒症”“暴怒症”就是这样的情况，他本身是个行走的火药桶，一点火就炸，伤害别人，也伤了自己。

如果你身边有这样的巨婴，能远离则远离，因为这种时时刻刻需要被宠溺的人，在遇到突发状况的时候，心理会自动进入一种应激状态，行为上会表现得不可理喻。

无论你的原生家庭有怎样的问题，让你的身上演化出巨婴的种种特征：暴躁、抑郁、强迫症、严重的洁癖，还是生命迷茫没有力量等，我们只要找到问题的源头，都会有解决的方法和路径。

问题的源头：为什么会出现如此多的巨婴？

第一个原因：这些孩子在父母的溺爱中长大。

著名教育家李玫瑾曾说：“千万别太顺从孩子，因为大部分逆子都是父母宠出来的。”

我们一定看到过这样的情景。

刚学会走路的婴儿，因为还走不稳，常常磕磕绊绊，碰到了桌子椅子，突然摔倒便嗷嗷大哭起来。

这时候很多家长的做法是赶忙扶起孩子，为了安慰孩子的情绪，就在孩子面前“打”桌子椅子，说一些“都怪你，把我们宝宝碰倒了”“宝宝不哭哈，帮你打它，使劲打它！”

这样的教育，对孩子是有益还是有害呢？

这样的教导，会让孩子不善于自我总结和反思，终究会变得自欺欺人。

长大后，遇到任何的困难，或者自己的失误，都会将原因推到客观环境或者别人身上。

父母之爱出自骨肉相连的本心，他们对孩子的爱是不求回报的，他们无怨无悔地为孩子付出，只是希望孩子能够拥有好的生活和学习环境，拥有一个美好的未来。

所以在孩子年幼时，父母会包办他们的一切，一方面是出于对孩子的爱，另一方面也希望孩子能把更多的时间用在学习上，至于生活上的事从来不会让孩子自己操心。

父母的过度保护会让孩子变得极其自私。

出门怕车撞倒，吃饭怕吃地沟油，不忍心让孩子做家务。父母养的不是孩子，是无自理生活能力的巨型芭比。久而久之这些巨婴，把啃老当作理所当然，心安理得地拒绝长大。

父母的过度保护会导致孩子失去基本的生活能力。

他们已经习惯了父母在自己身边打理一切，肚子饿了父母会递来饭菜，感觉冷了父母会递上衣服……以至于上了高中，还不会做饭，上了大学，还不会洗衣服。

在这种环境中长大的孩子，难免会失去主见，他们遇到问题就求助父母，成了生活中真正的巨婴。

这些孩子大学毕业了，要找工作，自己不去投简历，而是找父母想办法。

找不到工作，就每天窝在家里打游戏，吃喝拉撒全部“啃老”。

要结婚，要买房要买车，找父母出钱。

有了小家，懒得做饭，自己父母家吃几天，对方父母家吃几天。

生了孩子，第一件事是向父母求助：来帮我带孩子。

…………

这一切仿佛都顺理成章，天经地义。

这些孩子都有一个极度溺爱他们，却又极度伤害他们的父母。父母给孩子打造出来一个无菌的环境，最后让孩子变成一个废物。

第二个原因：这些孩子只知道为了学习而活。

父爱如山，母爱似水。这刚与柔的结合，才成就了独一无二的孩子，才成就了孩子的健全。虽然父母爱孩子的方式不同，但皆出自真心。

父亲更趋向于理性，理性的父亲总是那样的严肃，引导孩子价值观的成长；而母亲则趋于感性，感性的母亲总是那样的温柔，呵护着孩子的一点一滴。

小康曾经是我国非常有名的神童。从2岁开始，小康便创造了一个又一个“东方神童”的故事。1985年，还只有2岁的小康，就掌握了1000多个汉字。4岁时，他基本学完了初中阶段的课程，后来连小学也只读了二年级和六年级。1991年10月，年仅8岁的小康连跳几级进入县属重点中学读书。13岁时，小康以高分考入湘潭大学物理系。2000年，17岁的小康大学毕业后考入了中国科学院高能物理研究所硕博连读研究生。这一系列“神迹”让小康成为人们眼中的天之骄子。

如果按照这样发展下去，小康的前途一定不可限量。但谁也没想到的是，在20岁那年，小康竟然因为生活无法自理被学校劝退，结束了他开挂般的人生。

小康的妈妈曾经表示自己在家把孩子的一切都照顾得很好，孩子的任务就是学习。只要孩子学习成绩好，那么孩子就是值得表扬的。

至于生活中的大小事情，甚至包括洗内裤，妈妈都不会让儿子自己动手。恰恰是因为妈妈这种无微不至的照顾，让小康成为了一个彻头彻尾的巨婴。

第三个原因：这些孩子被父母过多地掌控。

父母对孩子的掌控欲似乎是天生的，客观地说，每一位父母都希望自己在孩子的教育中占据主导权。

有些父母懂得有的放矢，适当给孩子一些空间，这样才对孩子的成长有利。

如果父母总是想要掌控孩子的一切，那么孩子就会按照父母的要求而活，失去对生活的好奇感，失去生活的能力和动力。

当父母对孩子管教过严时，比如控制孩子兴趣的选择，掌控他们对朋友的选择，甚至连孩子的情绪都想控制，不允许孩子表现出任何的不满。那么孩子的性格很有可能被扭曲，他们把所有的怨气压在心底，表面上是人见人赞的完美孩子，然而内心却叛逆阴暗，一旦情绪失控后果必将十分严重。

曾经在网上看过这样一句话：8岁时你没教他系鞋带，20岁时他的确学会了，但20岁明明已经应该打工赚钱养自己了，他却只学会了系鞋带。这就是中国式巨婴父母的悲哀。

如果你的另一半不幸是个巨婴，怎么办呢？答案是：不要试图改变他，要解决问题，只有向内归因，改变自己。

遇到巨婴丈夫，80%的女人都会犯一个错，那就是试图让老公变成一个以自己的小家为中心，可以和父母划清界限的负责任的好丈夫。

如果你有这样的想法，我劝你趁早放弃！

要想解决问题，我们一定要向内归因。在与别人的关系中，千万不要改变别人，我们要改变的，永远是自己。

怎么改，难道要女人忍让吗？

当然不是！你只需要改变你对他的态度。

你要让他明白，他想怎么对他妈妈，想怎么对你，都是他的自由，但是你也有如何回击他的自由。

你不要跟你丈夫说：“我是你老婆，你为什么要牺牲我的利益？你到底是不是我老公？为什么你要和你妈一起欺负我？”

他会说：“你怎么这么不懂事？你要是爱我，就应该对我妈好。”夫妻双方一旦进入这种辩论模式，问题根本解决不了。

梁启超说过：家是讲爱的地方，不是讲理的地方。在婚姻中，与其争执谁对谁错，不如更多地关注如何共同构建一个和谐、幸福的家庭环境。这意味着要学会从利弊的角度去审视问题，而不是执着于谁占了上风，谁又说了公道话。

因此，面对巨婴丈夫，女性应更多地向内归因，从自我成长与智慧应对的角度出发，学会在爱与自由之间找到平衡，从而共同促进家庭关系的健康发展。

第9章

走出幻境，看见原生家庭的真相

蝴蝶的翅膀五颜六色，多姿多彩。然而，当蝴蝶被科学家放到电子显微镜下时，原本色彩斑斓的翅膀竟然失去了色彩，显现出奇妙的凹凸不平的结构。原来，蝴蝶的翅膀本是无色的，只是因为具有特殊的微观结构，才会在光线的照射下呈现出缤纷的色彩。

——佚名

人的身上有两双眼睛，外在的眼睛看到现象，内在的眼睛看到本质。许多时候，我们内在的眼睛是关闭着的。

于是，我们看见万物，却看不见美；看见世界，却看不见自己；看见利益，却看不见真理。

于是，在茫茫人世中，我们争名于朝争利于市。我们的日子是满的，生命是空的；头脑是满的，心却是空的。

原生家庭带给我们的种种不圆满，我们该如何去解决呢？

一个智慧的路径就是选择直接面对。

任何事都不要去逃避，也不能逃避，因为事实已经在心里。当我们选择以诚实和勇敢的态度面对事实，往往会发现，事实也能展现出其温柔的一面。

我曾经疗愈过一位50多岁的企业家，他和妻子常年吵架，而争吵的原因是他从来没有间断过的婚外情。结婚20多年，他不停地更换出轨对象，甚至和别人生下了2个孩子。每次别人带着孩子找到家里时，他就会关掉手机消失几天，等妻子善后之后，再灰溜溜地回来。而妻子一开始不断忍让、独自哭泣，拼命在孩子面前维护一个表面和平的家。最后妻子实在受不了，向他提出离婚。

企业家不仅无法断绝婚外情，还坚持不离婚。夫妻二人找到我，妻子一直在抱怨丈夫的滥情，丈夫的不忠；企业家也一直在懊悔：虽然知道自己做得不对，但每次就是控制不住。

在疗愈过程中，我们并没有就具体的出轨事件进行分析，而是让企业家夫妻双方各自回想自己的童年经历。

企业家回忆，在12岁的某一天，他早早放学回家，却看到母亲和一个陌生男子在一起。他猜测母亲出轨了，他把这个秘密一直放在心里，没有和任何人说，甚至包括他的父亲。

企业家母亲的事情一直影响着他自己的婚姻，结婚后他不断地与不同的女人发生婚外情，潜意识中是在报复他的母亲——其实他是在为父亲报仇，他的潜意识让他用这样的方式表达着他自己对母亲的不原谅。

同时，企业家的父亲又是个有些暴躁的人，小时候经常不知道什么原因就打他。每次这个时候，他就选择逃跑。所以，虽然他在努力克制，但还是“花心”成瘾，而当麻烦找上门时，他就会再次选择“逃跑”。

而妻子也吐露了埋藏在她心底多年的家庭秘密，她父亲年轻的时候也是个花花浪子，一直和单位的女同事保持着地下恋情。她怕母亲伤心，一直装作不知道，并且把这个秘密深深地压在心底。

长大后，妻子试图在婚姻中重新塑造自己的童年，于是找了一个和自己父亲十分相似的花花公子，然后痛苦地挣扎着想要改变对方。在自己的婚姻里，妻子一直忍让、委曲求全，她同时也感受着母亲悲剧的命运。现实中她努力改变男人，在潜意识里希望能够扮演自己的母亲，拯救出轨的父亲，以此来改变现在的家庭——也是她小时候成长的原生家庭。

但是，企业家和妻子都错了，他们都看到事情的表面，没有去寻找这种情况的原因，没有真正地“直面”。

当我们放弃成见，抛开表象，选择真正直面的时候，我们会发现在每个家族中都会有一些“秘密”。在心理疗愈中，我们称为“家族秘密”。

有一句英语的谚语，叫“房间里的大象”（elephant in the room），意思是说房间里有一头大象，人们明明清楚它庞大的存在，但都装作不知道。这句谚语被专门用来形容人们对问题视而不见，选择沉默的社会现象。

比如，在中国社会，“性”的问题就是“房间里的大象”，大家都清楚它的情况，但是从来不在公众场合讨论。

而这些“家族秘密”也像“房间里的大象”，每个人都了解它的存在，但是都对它避而不谈，但是都深受其影响。

出轨、堕胎、离婚、家族成员的非正常死亡等事件都会被看成家族中的秘密。大家都知道家丑不可外扬，于是这些秘密就被家族成员在公开场合的谈话中避开。

但是，忽视、逃避，不代表祛除了影响。这些家族秘密就像是“基因病毒”。如果没有被妥善处理，就很有可能在家族中一代代，以相似的行为模式传递下去。

出轨的行为也会像其他“家族秘密”一样世代相传，也被看作是出轨方通过出轨不同的对象来弥补心理上的空虚。

美国有一项针对家庭婚姻治疗的咨询，发现在**婚姻中因出轨而求助咨询的来访者，有90%的伴侣双方中至少有一方是外遇者的子女。**而在他们刚开始做咨询的时候，几乎没有人意识到这和自己的原生家庭有关联。

我们通过对原生家庭的直面、观察、反思和改变，可以了解到自己为什么会**找了现在的伴侣，你和伴侣在婚姻中的相处模式是怎样的，伴侣为什么会选择你等这些内容，**也会知道解决问题可能不是离开这段关系，而是需要伴侣共同在关系里解决问题，承担起双方的责任，完成自己的成长。

当我们放下、和解，做到了直面、内观的时候，可能会对我们自己性格的形成产生好奇。

人的性格是怎样形成的呢？
如果环境造就人的性格，为什么生活在一起的双胞胎会性格迥异？
原生家庭对于性格的影响究竟是怎样的？

心理学定义人类的性格，是指个体在内部或者外部的刺激下，相对稳定的行为、认知、情绪模式。人格强调的是个体差异性，也就是面对相同的刺激，不同人会做出不同的反应。

至于说人格是如何形成的，当今几乎所有的心理学家达成的共识是：人类性格的形成是由基因和环境共同作用的结果。

每一个宝宝都像天使，独一无二，都带着先天的气质来到这个世上。宝宝的气质和基因与母亲孕期的营养、情绪、激素代谢、运动等都有关系。而且生产方式的不同也会决定宝宝身体对刺激的原始反射，也会让宝宝对外界有不一样的感受。

而产后母亲和家人的照顾方式，也会让宝宝有不同的感受和体验。这些先天的因素和生命初期的体验，形成宝宝对这个世界感受的基础。虽然这个初期的体验在整个生命历程中的占比很短，但是影响却很深远，而且不可逆。

所以，通常我们会将孩子这种初期的体验归为先天的因素，它影响了我们对待事务的底层情绪。

在心理学中有一门研究人类性格形成和不同性格之间差异的应用心理学学科，叫性格形态学（也叫九型人格），相传它发源于4500年前的古巴比伦王国，时至今日已被全球大部分先进国家和商业机构如通用汽车、AT&T、可口可乐、惠普等公司广泛应用。

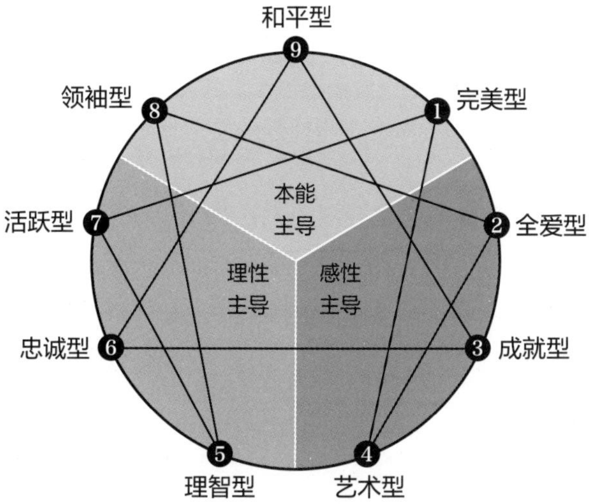

九型人格图

按照性格形态学理论，人类智能由情感中心、思维中心和本能中心三个中心共同组成。本能中心又称“腹”中心，主要受本能驱动；情感中心又称“心”中心，以感性为核心；思维中心又称“脑”中心，以理性思维为主导。只要某个中心被触发，其他两个中心就会产生相应的反应。

宝宝在体验初期所形成的先天因素，决定了他的行为由脑、心、腹哪个中心来主导。即使宝宝很小还不会说话，我们也可以通过观察对比，大致了解孩子的情况。

假如宝宝来到一个陌生的房间，这个房间里有一堆玩具，“腹中心”的宝宝会比较冲动，他会出于自己的本能，直接冲上去拿自己喜欢的玩具玩。

“脑中心”的宝宝会选择不动，他可能会先观察，看一下环境、家人和其他人的反应，确保自己的安全，再上去拿自己喜欢的玩具玩。

“心中心”的宝宝一开始也会迟疑，但是他不观察环境，而是观察人，然后产生各种心理活动：我去玩玩具会不会被拒绝？爸爸妈妈会不会不让我玩？

但是，我们很多行为、情绪、认知模式很复杂，性格最终的形成不仅看先天的因素，还得考虑后天的影响。

缺乏情感互动是有些人一生悲剧的开端。

对于一个正常人来说，幼年时期是建立与世界、照顾者以及自我世界信任感的最敏感时期。

从小缺乏情感互动的人，即使后来摆脱了童年时的痛苦环境，长大后仍会有不同程度的精神、情感和健康方面的问题，一生都无法恢复正常。

九型人格理论产生的关键点是：**性格是孩子童年与原生家庭父母互动的结果，**孩子从小要获得父母的爱，但父母的教育和爱附加了自己的标准与条件，孩子为获得爱，对父母一系列条件反射与防御机制的结果形成了性格。

比如，1号完美型性格的人，他们曾经是非常可爱的小男孩和小女孩，父母从小要求他们要做得好，成为榜样，做父母的小帮手。他们知道要行为得当，要承担责任。

他们认为最重要的事情就是争取他人的肯定。由于很多时候成为了弟弟妹妹的标杆，从而让他们对自己要求太过完美，生怕标杆的身份被打破。

为了远离麻烦，他们开始强迫自己往好的方向努力。这样的家庭背景培养了听话的孩子，但是也让孩子们把父母的批评转移到了内心，通过内心的批评来控制自己的行为。他们笃信，一生都要不断提高，实现完美人生。

例如3号成就型性格的人，他们从小成绩名列前茅。放学回家后，父母只会问他们在学校里的表现有多好，而不会问他们今天感觉如何。

父母在养育的过程中，可能会比较在意他们的表现和结果，不在意他们的感受，而且父母的夸奖往往也是因为他们的成绩，慢慢他们认识到别人只是认同他的成绩，而不是他这个人。

他们受到夸奖往往是因为他们的所作所为和他们取得的成就，而不是他们自己。他们逐渐认识到，获得他人认可和爱的途径就是成功的表现。于是，他们学会了自我推销，学会了把自己塑造成工作需要的理想角色。

例如9号和平型性格的人，他会觉得自己小时候被忽视了。被父母忽视，或许是父母忙于工作，或许是生活在兄弟姐妹的阴影里，或许是站出来表达自己想法的时候遭到打击。没有人听取他们的意见，没有人重视他们的想法。

长大后，他们总是站在中间倾听各方意见，却不表达自己的观点，他们是和平的维护者，是矛盾的调解者。他们学会忘记自己，学会知足常乐，学会寻找爱的替代品。

我们看到受到原生家庭的影响，很多孩子长出了厚厚的“保护壳”。

马来西亚某男歌手与太太分手的一则消息，让这个“过气”歌手重新回到了大众的视野。作为一个创作型歌手，这位男歌手非常有才华，曾经创作出多首脍炙人口的歌曲，被称为“金曲歌王”。

2014年，更是凭借综艺节目让他的事业冲向了巅峰。节目中的他，细心温柔，对待孩子很有耐心，完全一副正能量的样子。

可没过多久，大家就发现这样一位音乐界的“贵族忧郁王子”，居然是一个彻头彻尾的“酒鬼”，而且因为酗酒问题严重，直接导致他的家庭支离破碎。

他自己也意识到喝酒的问题严重，三番五次发誓戒酒，可就是戒不掉。后来我看了他的原生家庭后，才明白，他不是不想改变，他是无力改变，他太需要酒精这个保护壳了。

他出生在马来西亚，出生时父母太年轻，在他8个月大的时候，就选择分手过各自的生活，男歌手从小跟着爷爷长大。

父母的离开，让男歌手承受了太多人的指指点点，因此，也让他在成长的路上养成了敏感多疑，严重缺乏安全感的过激性格。

他从小就知道自己“与众不同”，别的小朋友有爸爸妈妈，可他只有爷爷。从爷爷的嘴里，他听不到爸爸妈妈的任何消息。

他知道，爷爷是不想让他为此感到难过，所以，懂事的他从来不问，爷孙俩就这样默契地生活着。直到9岁那年，在他的记忆中从没有出现过的父亲回来了。

父亲的出现，让这位歌手感到前所未有的陌生。父亲更是不顾他和爷爷的反对，执意将9岁的他从爷爷身边带走，去遥远的加拿大生活。

新的环境，新的生活，让他感到很不习惯，他很想爷爷，可却无能为力，所以，他只能将自己无尽的思念深深地埋入心底。

15岁初中毕业后，他又被安排独自到新西兰读书。早年的他，就是在这种颠沛流离，缺少父母陪伴，缺少亲情滋养的环境下被迫长大的。所有的一切都需要他独自面对。

居无定所，缺乏陪伴，导致这位男歌手变得敏感多疑，严重缺乏安全感。虽然从小有爷爷陪伴，但缺乏父母亲情陪伴，他没有真实感受过家庭的温暖。

在开始做音乐的那几年，这位男歌手的事业没有什么起色。2002年，他初到台湾发展，一点儿都不出名，他的歌曲不被看好，也不被喜欢，甚至还被人嘲笑“矮”“丑”，不配做音乐。受到严重打击的他，那段日子连镜子都不敢照。就在那四五年，这位男歌手在一边跌倒一边成长中养成了喝酒的习惯，而他的很多曲子都是在喝酒后完成的。

喝酒成了他的保护外壳，通过喝酒来麻痹自己，他可以放下心理包袱，完全做自己，全身心投入到音乐创作中。这是在现实生活中他做不到的。

但是喝酒后，心底的躁动也被完全释放出来了，情感障碍的他无法控制这种躁动。于是，他酒后斗殴，对亲朋好友无差别开打，有时甚至连老婆都打。留给家人的是深深的无力感和恐惧感，甚至连女儿都表示“不喜欢喝醉酒的爸爸”。

就是这样的保护壳让这位男歌手彻底失去了挚爱，失去了完整的家庭。

家庭氛围是影响孩子最大的能量场。

家庭的氛围就是家庭最大的能量场，对孩子的影响深远。好的家庭能量、氛围是什么？就是美、乐、爱。

爸爸妈妈每天下班回来带给孩子的感受是什么？是特别欢喜还是恐惧？如果是恐惧，那孩子的未来就麻烦了！所以父母下班回来要带给孩子欢喜，抱抱孩子，给他赞美，给他鼓励，带个小礼物，表达对他的爱……夫妻要和谐，让家庭氛围非常好。

为什么？很简单，比如一个花盆中长了一枝花，花盆就是家，花就是孩子。如果花盆里没土，那花怎么开？只能是死亡。如果花盆里有土，但是干土，没有水，这花能开吗？还是死。如果给花简单浇一点儿水，它会开得很辛苦，本来应该是百合花但开得很小。你骂它能不能开大一点儿，却不给它充足的水，结果会怎样？

其实孩子呈现出的各方面结果都是被动的，不是孩子的问题。比如我们身上长了个肿瘤，你能怪肿瘤吗？是身体让它长的，所以孩子也是这样。他考不好怎么能只责怪孩子呢？我们做父母的没有责任吗？肯定是有的。所以我们一定要想办法让家庭美起来，让孩子每天都开开心心地。

第 10 章

从内心升起的答案——“爱”

黑夜无论怎样悠长，白昼总会到来。

——莎士比亚

英国作家、诗人

《羊皮卷》是影响全世界的伟大作品之一，被誉为“全球成功人士的启示录”“超越自我极限的奇书”。在众多版本中，有一卷——热爱卷的内容，我迫不及待地想和你们分享。

我要用全身心的爱来迎接今天。

因为，这是一切成功的最大的秘密。强力能够劈开一块盾牌，甚至毁灭生命。但是只有爱才具有无与伦比的力量，使人们敞开心扉。在掌握了爱的艺术之前，我只算商场上的无名小卒，我要让爱成为我最大的武器，没有人能抵挡它的威力。

……

我要用全身心的爱来迎接今天。

我该怎么做呢？从今往后，我对一切都要满怀爱心，这样才能获得新生。我爱太阳，它温暖我的身体；我爱雨水，它洗净我的灵魂；我爱阳光，它为我指引道路；我也爱黑夜，它让我看到星辰。我迎接快乐，它使我心胸开阔；我忍受悲伤，它升华我的灵魂；我接受报酬，因为我为此付出汗水；我不怕困难，因为他们给我挑战。

我要用全身心的爱来迎接今天。

我该怎么说呢？我赞美敌人，敌人于是成为我朋友；我鼓励朋友，朋友于是成为手足。我要常想理由来赞美别人，绝不搬弄是非，道人长短。想要批评人时，咬住舌头，想要赞美人时，高声表达。飞鸟、清风、海浪，自然界的万物不都在用美妙动听的歌声来赞美造物主吗？我也要用同样的歌声赞美他的儿女。从今往后，我要记住这个秘密。他将改变我的生活。

我要用全身心的爱来迎接今天。

我该怎么行动呢？我要爱每个人的言谈举止，因为人人都有值得钦佩的性格，虽然有时不易察觉。我要用爱摧毁困住人们心灵的高墙，那充满怀疑与仇恨的围墙。我要铺一座通向人们心灵的桥梁。

……

我要用全身心的爱来迎接今天。

我该怎样回应他人的行为呢？用爱心。爱是我打开人们心扉的钥匙，也是我抵挡仇恨之箭与愤怒之矛的盾牌。爱使挫折变得如春雨般温和，它是我商场上的护身符：孤独时，给我支持；绝望时，使我振作；狂喜时，让我平静。这种爱心会一天天加强，越发具有保护力，直到有一天，我可以自然地面对芸芸众生，处之泰然。

我要用全身心的爱来迎接今天。

我该怎样面对遇到的每一个人呢？只有一种办法，我要在心里默默地为他祝福。这无言的爱会闪现在我的眼神里，流露在我的眉宇间，让我嘴角挂上微笑，在我的声音里响起共鸣。在这无声的爱意里，他的心扉向我敞开了。他不再拒绝我。

每次读到这一段《羊皮卷》，我都会感觉到毛孔张开、热泪盈眶，仿佛享受了一次精神盛宴，拥有无与伦比的爱的力量。

“爱”是一切成功的最大秘密，是我们的护身符，是我们与这个世界芸芸众生相处最好的通道。爱可以让敌人变成朋友，让朋友变成手足。

有些人天天抱怨、看谁都不顺眼，看什么事情都不顺心、全身都是负能量，也没什么朋友，这类人往往工作业绩很差，运气很差，家庭也不怎么幸福，根本原因在于：不会爱别人，不懂得欣赏别人，尺有所短、寸有所长，每个人都不是完人，要学会欣赏别人的优点。

无论是雄心勃勃还是失败的人，无论是王侯将相还是普通人，无论是富人还是穷人，无论是少年还是长者，无论是美丽的人还是丑陋的人，他们身上都有值得敬佩的地方，他们都值得我们去爱，值得我们去赞美。

莎士比亚曾说：“赞美是照耀我们心灵的阳光，没有它，我们的心灵就无法成长。”

一个人的内心能容纳多少人，他的成就就能达到一个什么样的位置。内心只能容纳3~5人，他最多就是一个小组长。内心能容纳十几个人，他就可以成为部门经理。内心能容纳十几万、几十万人，他可能就是县长甚至市长。如果内心只能容得下自己，他在事业上将注定一事无成。

我们怎么去化解生活中的这些问题？最好的办法就是培养我们爱的能力和运用爱的力量，所以“爱”不只是一个名词，它更是一个动词，需要我们去练习，去践行。

有人说，我缺乏爱的能力，怎么办?

那我们从现在开始，从我们身边最亲近的人开始练习，练习爱的能力。

有人说，我从来不会爱自己，我该怎么去爱呢?

从现在开始接纳你的一切，不活在任何人的评论中，不活在我们肉身层面的攀比里，不活在我们头脑的欲望里，这样你就能深深地接纳你自己。

每个人来到这个世界都是一个独一无二的存在，你知道一个生命来到这个世界上有多难?

一个精子为了能和卵子结合，需要与数亿个同类在体内斗争，最终才能脱颖而出，那个脱颖而出的生命就是后来的你。

有一个“盲龟值木”的故事：一只瞎了的海龟，漂浮在茫茫的大海上，随着惊涛骇浪上下翻滚，一会儿冲到东，一会儿冲到西，一会儿又沉入海底，好不容易冲上海面吸口气，立刻又被大浪拍向海底，痛苦不堪。

这时，海面上出现了一块木板，这块木板凑巧中间有个孔眼。但是海龟看不见漂在海面上的这块木板，更无从知晓那孔眼的存在。瞎了的海龟，东碰西碰的，竟然碰上了那个孔眼。它赶紧把头从板孔中伸出来，总算能深深地饱吸一口新鲜的空气，而且它再也不会被打入海底了，这对它说是一种极大的幸运。

我们人的生命也是一样，能获得肉身，在这个社会生存，是多么地不易。所以，我们又何必看轻自己，何必去和别人攀比。

人的一生就是由许许多多的经历组成的，有好有坏，最关键的就是在经历这些时是什么样的心态，是昂首挺胸地去迎接挑战，还是畏首畏尾地去逃避和抱怨，一切都取决于自己，自己就是一切的根源。

我真心希望大家能够把读《羊皮卷》作为一种心灵的慰藉，每天都读一读。

如果你有孩子，最好能带着孩子一起大声地朗读。通过大声朗读，慢慢地，你的孩子就能跟你一起读进去、体会到爱，那你们全家的幸福指数也会越来越高。

当你有时间表达爱，就没有时间去表达恨；

当你有时间去表达对一个人的赏识，就没有时间去表达对一个人的否定；

当你有时间去表达对一个人的赞美，你会发现这个人的能量会无限地提升，这就是赏识的力量。

连续21天进行练习，你会养成一种习惯。这种习惯会帮你培养爱的能力，成为你成长路上的护身符；同时，爱也会是你与他人之间最好的连接工具。

除了阅读以外，真正的践行是在你的生活中，流淌在血液里。

我们尝试去爱和赞美身边遇到的每一个人，看到小孩、看到老人、看到穷人、看到富人、看到长相丑陋的人、看到长相美丽的人……我们头脑中都会想起《羊皮卷》中的内容。

它会让我们找到对应的画像，

它会让我们保有深度知觉和爱的能力，

它会让我们想要真心地去赞美对方，

它会带给我们很多美好感受，这就是爱的力量。

当你成为一个充满爱的人，你的爱会展现在你的眼神里，流露在你的眉宇间。无论你走到哪里，大家都可以感受到你身上的爱的力量。

西汉贾谊说“爱出者爱返，福往者福来。”“爱出者爱返”，你把爱给了他人，别人也会以爱回报你；“福往者福来”，你给别人带去了福音，别人也会给你带来福音。这句话表达了：善于奉献爱和布施福德的人自己往往会得到别人的爱和恩惠，这说明了“世间一体，因果循环”的道理。

随时与爱的能力相见，生活中就没有跨越不了的沟坎。

随时与爱的能力相见，就没有无法和解的人。

随时与爱的能力相见，就没有无法达成的目标。

我们每个人都有两次诞生，一次是生命的诞生，一次是心灵的觉醒，当你觉醒时，你才真正地活着。生命的唤醒不是靠简单的学习，而是靠不断的领悟。为什么会有一些学富五车、才高八斗的人，依旧活得那么辛苦，依然过得那么拧巴，依然觉得自己一无所有，那是因为他们爱的能力匮乏，他们的心灵没有被唤醒。

李嘉诚讲过一个鸡蛋成长论：“鸡蛋，从外打破是食物；从内打破是生命。”

一个鸡蛋如何孵化出小鸡？如果想帮助它从外打破，鸡蛋只能成为食物，如果提供合适的温度、湿度等外部条件，21天后，小鸡就会依靠自己的力量破壳而出。

一个鸡蛋如此，我们的人生也是一样。你是选择主动从内部成长，还是选择让外界迫使你成长？

一个人在成长的过程中，应该怀着积极、主动的心态，去直面生活中的困难和阻碍，并借此契机，赢得提升的机会，这就是我们的重生。

当你的心灵觉醒时，你才真正地活着，为什么呢？因为那时你将成为爱，而不再是渴求爱。

多少家庭的离异，就是因为我们不断在渴求爱，而没有付出爱、成为爱。

多少亲子关系的破裂，就是因为我们不断在渴求爱，而没有付出爱、成为爱。

多少原生家庭得不到和解，也是因为爱的匮乏。

所以，当你真正地觉醒，真正成为爱，真正地用全身的爱去爱所有人时，这时就是真正的向内归因，你的生命也在不断地成长。

那个时候，你已经成为了爱，你不需要活在别人对你爱的给予中，因为你成为了爱，你不断去给予别人爱，形成了因果的正循环。

有人说，我想用我的全部身心去爱，但是我的原生家庭真的让我爱不起来。

的确，原生家庭是天生的，我们无法选择。但是，我们能选择如何过完我们的人生。

第11章

成为爱，用爱服务生命

爱是生命的火焰，没有它，一切都变成黑暗。

——罗曼·罗兰

思想家、文学家

人民有信仰，民族有希望，国家有力量。

最大的信仰是爱，爱创造一切生命奇迹。生命的意义在于“感受爱、创造爱、成为爱”。

爱的力量非常强大，它是源于宇宙自身规律而产生的。当爱被赋予到人类每一个生命身上，人类就可以利用爱的力量去执行自己的使命。正因为人类被赋予了爱的力量，人类才能和谐共处，人类世界才得到了快速发展。

人类在宇宙中经历了非常久远的历程。正是在爱的力量推动下，才促进了人类的繁衍与人类世界的不断发展。当一个人充满爱的时候，他就会去履行自己的职责与义务，就会去为这个世界作出应有的贡献，这就是“爱”所起到的作用。同时爱也是一种连接宇宙万物的力量，这种力量贯穿于宇宙空间，无时无刻不在发挥着巨大的作用。当我们明白了这样的真相，我们就可以运用爱的力量，去做我们想做的事情，从而让这种力量在我们身上发挥更大的作用，让我们为宇宙作出更大的贡献。

在宇宙中，爱非常重要，因为它能产生力量。在爱的力量牵引下，宇宙中的万物才得以正常生存与运行。只要是在爱的世界里生存的所有存在，都会受爱的影响而顺其自然地去执行自己的使命。这是创造者的一种设置，也是所有生命生存于宇宙中的基础。

如何能成为爱，下面这段话，会给你答案：

请让我成为和平爱的引导者，
若何处有怨恨，我愿带去爱，
若何处有罪恶，我愿带去宽恕，
若何处有纷扰，我愿带去和谐，
若何处有误解，我愿带去真理，
若何处有疑虑，我愿带去信念，
若何处有绝望，我愿带去希望，
若何处有黑暗，我愿带去光明，

若何处有悲伤，我愿带去欢乐。

请赐予我能力，

使我慰藉他人，多于被他人慰藉，

理解他人，多于被他人理解，

爱他人，多于被爱，

因为忘我，方可回归真我。

我们要感受爱。在我们的生活中，爱无处不在，需要用心体察、铭刻于心并付之于行。一个体验不到爱的人，是一个贫穷的人。父母之爱、老师之爱、社会之爱……只要你用心体察，就会拥有无穷的力量。我正是感受到了爱，才立志做一名心灵导师，爱心人皆有之，成为爱，你将会是一个强大的能量场。“只要人人都献出一点爱，世界将变成美好的人间”，作为师者，更应该成为爱的传播者。没有爱就没有教育，师者的言行举止都应该是爱的化身。每一点爱的雨露都将滋润一颗颗干渴的心，我们付出的爱将会以各种不同的形式呈现在我们面前。爱出者爱返，福往者福来。母爱是孩子出生时被注入的高频能量。但是由于父母的无知，把爱变成了控制、伤害、打骂、交换，拉低了爱的频率。

下面是10种童年的情感被忽视的父母的类型，以及他们对于今天的你所造成的各种性格的影响和创伤模式。

第一种类型是自恋型父母

自恋型父母的特征就是非常的自信，过于自信，而且他们总觉得自己高人一等。这类父母会对自己的孩子指指点点，你不能弄这个不能弄那个，上大学不能报这个专业不能报那个专业，你找这个对象绝对不行。爸爸妈妈都是为你好，你听爸爸妈妈的肯定没错。

第二种类型是专制型父母

这类人面对任何人甚至爱人都会建立规则，不断地给予限制。这类父母如果孩子违背了自己，甚至会对孩子严重惩罚，这是限制型的父母。他们对于孩子的限制很多，不允许孩子有想法，也不允许孩子辩解。他们说话的时候不允许孩子讲话，甚至挨打的时候也不允许孩子哭泣，这就是专制型的父母。

第三种类型是放纵型父母

放纵型的父母，就是几乎对孩子毫无约束，这种情况一般比较溺爱，比如说年龄很大了，好不容易生了一个孩子，对孩子无比地宠溺。

第四种类型是丧偶型父母

丧偶型有两种类型，一种是真正的丧偶了。一方有疾病离世了，这是一种丧偶。还有一种丧偶是离异了，这种叫丧偶式的教育。我们说的丧偶型父母其实并不是父母一方真的不在了，而是他们离异不在一起生活了，比如孩子交给妈妈抚养，孩子的父爱方面就是缺失的，母亲对孩子进行的就是丧偶式教育。

另外还有一层引申意，就是一对夫妻正常的夫妻关系还在，可是分工方面比较明确。比如有全职妈妈的家庭，爸爸负责在外赚钱养家，不管孩子的生活，也不管孩子的学习，也不用走进孩子的内心，孩子的一切都交给妈妈。

当孩子的教育出现问题时，爸爸往往会认为我是负责赚钱的，一切都是妈妈的错。这种也是丧偶式教育。往往在这些父母身上，会出现什么样的情绪呢？悲伤抱怨，极度委屈的痛苦，甚至嗔恨心，还总有一天想要报复。这些丧偶型父母的情绪是非常糟糕的，他们所产生的心灵投射，投射在孩子身上，对孩子一生的影响是非常大的。

还有一些单亲妈妈离异后带着孩子，孩子爸爸有了新欢，对孩子不管不问，还不给生活费。我们能想象到这位妈妈内心的嗔恨心、复仇心，愤怒、绝望和痛苦不断在她体内灼烧。有时候，这种情绪就会发泄在孩子身上，孩子会莫名其妙地挨打挨骂。

这些父母有时候还让孩子传话，有些话孩子也听不懂。孩子在爸爸妈妈之间这样传话，更多传递的是痛苦、贫穷、恐惧、复仇的心理，孩子变成了一个负能量的传递通道。

还有一种丧偶式教育，是夫妻间根本没有真正地分开，整天吵吵闹闹或者是冷暴力，内耗特别大。

父母在孩子面前会不断表达羞辱、愤怒、绝望的语言：“如果没有你，我早都不活了！”“如果不是因为你们姊妹几个，我早就离婚了，谁会跟他过到现在呢？”这些话语，让孩子感觉特别茫然、无力甚至绝望，他们的内心会有深深的负罪感，孩子会想：我要好好干活，我要努力表现，我要做一个乖乖的孩子，我要争取博得爸爸妈妈的欢心。

另外，还有一些孩子会认为，我真是没用，我活着简直就是一个负担，我怎么不去死掉呢？这种孩子在幼小的心灵里，就不断地出现自我否定、绝望，严重的会形成人格自我冲突分裂。这种伴随一生的心理反应如果得不到及时的疗愈，会影响他的一生。他们长大后，不知道什么叫爱，没有能力做决策，在他自己的家庭中也没有能量。他们的孩子会觉得父母没有主见，能量特别低。当孩子在学校被欺负了或者在社会上遇到一些挫折，都不想和爸爸妈妈说，因为在爸爸妈妈那里得不到保护，没有安全感。

以上这几种丧偶式教育中，很多孩子的抚养者，包括妈妈、爸爸或爷爷奶奶，在抚养孩子的过程中会产生悲伤、愤怒、仇恨、对生活的力不从心等负面情绪。从这种家庭走出来的孩子，会被负面情绪感染，并在他们的身上再传递几十年。

第五种类型是成瘾型父母

成瘾型父母，成的是什么瘾？有的家长酗酒成瘾，有的家长赌博成瘾。

我曾经疗愈过一位朋友，非常优秀，博士后毕业后在联合国相关机构工作了三年半，后来回国进入一所非常著名的大学担任教授，带了全世界15个国家的研究生，各方面待遇也非常好。但是后来因为严重的抑郁症，她没法正常工作。是什么原因导致她得了抑郁症呢？经过我的了解，她的这种心灵创伤来自于她妈妈是成瘾型的母亲。

她妈妈喜欢赌博，而且瘾特别大，她小学、初中、高中的生活费，她的妈妈都要拿去赌，结果常常十赌九输，赌输了回到家，就和她爸爸吵架。她妈妈还重男轻女，特别照顾她的弟弟，而对她则是不断地否定和辱骂，甚至在她上高中的时候，还逼着她辍学，说你还不如去深圳卖身赚钱。

她就是在这样的环境下考上了大学，在大学期间自己兼职赚生活费，可她弟弟在母亲的溺爱下，好吃懒做，高中没毕业就不读书了，在老家找了个对象。

那时候，她上大二，既要忙学业，又要想办法赚钱养活自己。她妈妈经常在电话里向她咆哮：“我养你这么大有什么用？你弟弟要结婚，你要想办法给他弄钱，没有彩礼，你弟弟就结不了婚……”

后来，为了避免妈妈的能量干扰，她躲到了非洲，可每次一接到妈妈的电话，她都全身颤抖。

给她疗愈的第一次，我鼓励她和她妈妈进行一次电话连接。在我的鼓励下，她跟她的母亲做了一次主动连接，意外的是她竟然全身颤抖，口吐白沫。这个时候我用手握着她的手，她满含热泪，仍旧全身颤抖。

那次电话她们通话了27分钟，这是她人生第一次主动给她母亲打电话，第一次感觉到她在母亲面前像个人似的，感受到了人格的平等。

她作为一个博士后，联合国的领导，国内顶级高校的教授，拥有那么多闪光的头衔。然而面对她妈妈的时候，能量一下子就坍塌了，因为从小到大这么多年，她已经深深被母亲奴化了，她在她妈妈面前无力反抗，心里的千言万语，都无法表达出来，只变成强烈的身体反应，后来这种反应还导致她身体得了癌症。她当时想，自己得了癌症，没了就没了吧，反正这一辈子都在给妈妈打工。

从开始疗愈到今年年初，我累计给她做了16次疗愈，她现在已经回归了正常的生活，癌症也有了明显的改善，她已经重返学校继续工作了。

通过这个案例，我们了解到成瘾对一个人的影响有多大。有的人酗酒成瘾，有的人吸毒成瘾，导致各种家庭悲剧的发生。孩子内心特别的恐惧，甚至有时孩子都不敢回家，不敢自己一个人睡觉。因为很多酗酒的父母，一喝完酒容易失态，当失态导致情绪失控的时候，孩子会特别害怕。还有些父母私生活特别乱，往往也会给孩子的婚姻生活和情感生活带来很大的影响。

还有一种成瘾，听上去没那么可怕，是购物成瘾。这种父母没有安全感，每月赚1万元，能花费2万元，看到什么都是买买买。没有钱，就去刷信用卡，不停地去购物。买回来的衣服有些不但没穿过，甚至连标签都不撕，她还不停地买买买。其实这种疯狂购物族，是严重缺乏安全感的人，她们需要通过购物的方式，去刷存在感。

这些成瘾型父母其实在生活中都是巨大的问题，对孩子的影响也是巨大的。父母在这种状态下，给孩子带来的生命能量的缺失都特别严重，因为父母的能量很低，生命没有热情，所以，往往孩子成年之后，也会出现各种身体上和心理上的疾病。

第六种类型是工作狂父母

还有些父母是工作狂父母。工作狂是什么呢？就是完全忽视孩子的需求，这类父母回到家也是一直在打电话，做报表，不断地忙工作，无暇照顾孩子，工作和生活完全不分。只有在工作中，这类父母才有存在感。在他们的生命里，只有不断用工作去证明自己，不断地渴望通过获得事业上的成功而被看见。

他们没办法陪伴在孩子的身边，对于孩子的需求，感受也特别弱。这类工作狂父母，对孩子一生的影响特别深远。在孩子最需要父母的时候，他们不在，等他们忙完工作想去和孩子连接的时候，孩子已经长大了。很多孩子在青春期出现早恋的情况，就是因为他们与家长之间存在连接的障碍。

第七种类型是失能型父母

有一种家庭，孩子从小得不到父母更多的爱，因为父母需要花更多的精力照顾其他人，比如家里生病的老人，其他患有身体疾病或精神疾病的兄弟姐妹。这类父母忙于照顾其他人，对孩子的需求感受不到。

这类父母在孩子面前往往有一种无力感，精神非常涣散，而且可能在孩子面前不断地抱怨，不断地发泄负面情绪，孩子在这种混乱的关系中长大，也会导致他们非常地自卑，如同电视剧《安家》里的房似锦。这样的孩子往往从小特别拼命，不断地干活渴望被看见，成年之后这样自卑的形象也会出现。与人交流的时候，常常怀疑别人是不是在映射她，防卫心特别重，这就是我们所说的情绪的流动。

第八种类型是完美型父母

完美型的父母，不论孩子做多少，他们永远都不满意。不论孩子考多少分，父母永远都不满足。孩子考全班第一，父母想孩子考全校第一就好了。孩子考了全校第一，父母想孩子考全市第一就好了。

这类父母永远都不满足，他们往往以爱的名义来绑架孩子的自由意志，嘴上说的爸爸妈妈都是为了你好，在这爱心包裹的外衣下，其实是一种畸形的心理，这种完美型的父母对孩子是赤裸裸的剥夺。

这样的父母人生中没有一点点开悟，单纯的生活在物质层面，心比天高，命比纸薄，完全在情绪里执着。

第九种类型是反社会型父母

反社会型人格，看什么都觉得这个社会是颠倒的。在他的认知中，所有人都是坏的，所有的事情，他都会往极端的负面情绪去考虑。

家长是反社会性人格，孩子的人格十有八九都会不健康。我们看到有些孩子才10来岁，和别人说话的时候，可以把对方噎死，和谁沟通，都是在不断地亮出盔甲，不断地发起战争。我们会觉得这种孩子从没有感受过爱，因为他的家长就是这样，所以导致孩子从小社交能力就很差。虽然，这样的孩子可能会有一技之长，比如学习成绩好，学习成绩只是他掩饰自己内心的保护和武器。他凭借这个保护到处去挖苦别人，以显示自己的强大。

第十种类型是交换型父母

这种父母和孩子干什么都讲条件："你上大学以后，你要回来照顾家人。""我把你养这么大，我花了多少钱，你都要还我"等，这样的家长，跟孩子是赤裸裸的交换。他们不会走进孩子的内心，孩子也不会理解他们。

这十类父母不幸福，他们的孩子也不幸福。**苏联著名教育家马卡连柯曾经说过："一切都让给孩子，为了他牺牲一切，甚至牺牲自己的幸福。这是父母送给孩子的最可怕的礼物了。"**

在娇惯、宠爱、百依百顺中长大的"巨婴"们，他们习惯了享受和依赖，没有独立成长的能力。他们不会对父母的付出有丝毫的感激，反而认为一切都是理所应当。他们会认为自己遇到的所有不如意，都是别人造成的。物质上啃老、精神上未断奶，都是不独立的表现。

父母能做的就是放手，让孩子独自承担他的人生责任。那些事事代劳、从不教孩子独立的父母，才是最无知最残忍的。

万事万物都是不断振动的，能量场实际上是能量在特定频率范围内振动产生的结果。思想同样具有能量，但是它的振动频率高于物质，所以无形无质，既看不见也摸不着。思想有自己的振动频率范围，其中负面思想的振动频率较低，而正面情绪的频率则较高。如果旁边有亲密关系的人，负面能量更容易被激发。酗酒之人很容易让负面能量占上风，变得打骂家人，酒醒之后，负能量休眠了，他们会感到十分内疚，保证不再犯了。其实没有用，他们无法控制酗酒，无法控制负面能量的再次爆发。

我有一次在火车站吃面，遇到一个充满负能量的乘客，他因为嫌面里肉少，与同样有负能量的服务员发生争执，大打出手，然后被警察带走了，结果把火车也耽误了。

其实每个人身上都有两个自己，一个正面的，一个负面的，此消彼长。我们可以增加正能量的流动频率，提高人的意识等级，避开负面能量的侵袭，不与之接轨。用慧眼清晰看到对方的负面情绪，让企图在你面前演戏的负面能量落荒而逃。

负面能量很容易控制、扭曲你的思考，破坏你的人际关系，阻挡你的愤怒情绪。它让你变得无意识，对一些小事过度反应，让你说一些不合适的话或做一些不妥当的事，就是蓄意让你对整个世界更加不满意。

负面的特质，比如沮丧、压抑、贪婪、不友善或者不体谅，都会散发出一种低频的振动。如果我们的本性中有这些成分，我们将吸引有类似能量的人来到我们生命中。正面的能量，比如爱、友善、喜悦、慷慨，会散发出一种高频能量，也会吸引有类似能量的人来到我们的生命中。

如何不让负能量附体，让正面意识流、能量流，流经你的身体，有七个神奇的疗愈能量能够做到。如果你的意识流、能量流是这样的频率，你一定是一个最健康快乐的人。

这七个神奇的疗愈能量是责任、道歉、宽恕、爱、服从、感恩、放下。

第一个是责任的能量。当你为身边的一切负起责任的时候，你会产生一种满足感，你就能感觉这种责任的能量在身上流动，你会吸引更大的责任。

第二个是道歉的能量。对不起是一句最神奇的语言，它有巨大的能量，使用它，巨大的风波也会归于平静。

第三个是宽恕的能量。宽恕别人，就不会有执着，不会有愤怒，不会有伤害，不会有悲伤，你会感到你的能量在一个宽敞的空间里畅通无阻地流动。

第四个是爱的能量。爱是扩张、开放、赠送、停留、敞开、分享、治疗的能量。有了爱，你心中就会充满喜悦，你的能量就像一条欢畅的小河在奔涌，你的脸上就会写满慈祥。

第五个是服从的能量。一个人的能力有限，人外有人，天外有天，团队作战的时候，比我们高明的人，我们就要选择服从。一个杯子，只有在空的时候才能接纳最多的水。当我们服从的时候，同时就拥有丰盛的关怀滋养，像大树一样深深地扎根在地球母亲的怀抱，你便拥有了无穷能量的来源。

第六个是感恩的能量。感恩能量的奇迹数不胜数。让感恩的能量流经你的心，让自己充满感恩，像海绵一样吸收感恩，真正取得感恩的能量，创造的能量。你感谢什么，你就会得到更多，你会得到更多的母爱，与地球母亲更加连接，更加丰盛，更多的爱，更加喜乐和自由。

第七个是放下的能量。生命的灵药是放下，所以一切不适合你的，就将它放下，100%会带来更好的，所以赶紧放下它，你会充满感激，你会不停地说，幸亏幸亏。

当你做到这七点，你就不会送出负面能量，你将会迎接一片光明，迎接属于你的美好人生。

命运是由天地人三种力量不断相互影响而显现出来的。命不可改，运是可以修正的。要修正命运，首先要知道几个关键法则。

一、爱的法则。爱是世界上最强大的力量，真正的爱是没有条件不求回报的爱，纯粹而真实的爱，是不伤害任何人自尊心的爱。

二、因果法则。高觉悟的人都深知这个原则，在你身上发生的每一件事情都是有原因的。世界上没有偶然，偶然是无知的借口，正因产生正果，负因产生负果，这个因包含你的每一个想法。

三、吸引力法则。人的心念会同频率一致的现实相互吸引，正波吸引正能量，负波吸引负能量。正负能量，引发截然不同的结果。你是你现实的创造者，生命会对你展现你认为它展现的样子，你可以拥有你想象的东西，你相信什么，你将体验什么。

四、自由意志法则。允许每个人走他自己的路，不愿意接受帮助的人，就随他自己的意愿，让他走自己的路。有时候，你能给人的最大帮助就是让他自己积累经验后成长。

当然，这不是冷漠以对。一个经常有负面想法的人，每天被恐惧封闭、索取、跑开、隐藏、独吞、伤害的能量所左右，他的生活一定是被这些事情缠绕的，他所处的现实世界就是一个倒霉的现实世界。一切穷苦、悲伤、失意都会围绕着他。

相反，一个思想阳光、健康、充满爱心的人，他的生活一定被开放、赠送、敞开、分享、治疗的能量所牵引，那他的生活一定是快乐的，所遇的经常是好事。

送人玫瑰，手有余香，人如果能控制自己的心念，就会把有利的积极的和善良的人、事物吸引到其生活中去，而有利的、积极的和善良的人、事物也会把这个人吸引过去。您就会发现生活处处是阳光。人通常只看得见自己留意和相信的事情，对于自己不相信的事情就视而不见。

我每次讲课都是带着爱，全神贯注传递爱，带着爱活在每一个当下。

跟我做一个爱自己的练习，从头到脚爱自己，跟随呼吸观察自己全身。你来感受，眼睛微微地闭上，嘴巴轻轻地合上，这个时候留一点儿空间，舌顶上腭，以一种自然的状态，用你觉得最舒服的姿势坐下来。坐好后，你就观察自己的呼吸，感受自己气息的流动、感觉和暖流，能不能到自己的脚底。自己去感受一下，这股暖流能不能到自己的手指头，自己去感受自己身体里能量的流动，感受自己血液的流动，去感受自己的手指头，自己不断地加持加持，让自己其中一个手指头，变长、变长、变长……做一些意念力的练习，每天只要10分钟、20分钟，你就可以让自己慢慢地、越发地安静下来。也许静坐呼吸会出现很多念头，我们就去观察自己的念头。

其实，我们保持内观通道的方法特别多，举个例子，比如你家有一个非常昂贵的杯子，你的孩子不小心把它打碎了，觉察一下你的感受。很多家长，这个时候，会把孩子劈头盖脸说一顿："妈妈买这个杯子，你知道花多少钱吗？我还没用呢！你就给打碎了。"这个时候，你能否看见孩子的恐惧？

孩子打碎杯子有什么不好呢？不破不立，孩子今天不了解打破一个杯子需要承受的后果，明天可能会干出伤害更大的事情。

在杯子被打破的过程中，孩子会真实地感受到，这个杯子的温度如何，是烫的还是凉的？是玻璃的还是陶瓷的？我们想一下，是孩子的体验重要，还是你的杯子重要？

孩子的学习也是一样的，是孩子的幸福重要，还是孩子的成绩重要？孩子一定是先有幸福才有成绩，他未来才能去探索世界。

你只要想通了这些，你的生活就会减少非常非常多的遗憾，你就会知道什么才是最重要的。你会懂得是赚钱重要，还是你爱人的健康重要；你们夫妻的幸福重要，还是你赚回来的现金重要。

你要去感受，我们通过关注呼吸去关注感受。我们还可以做一些静坐或者看书等练习，所以说带着觉知去生活，你就会在觉知中去看见自己的情绪。

第四部分

向外生长，
成为更好的自己

第 12 章

生命就是关系

存在即合理。

——黑格尔

哲学家

所有的生命本是一体，不分彼此。只要回归一体，自然就有最美好的关系。当今很多人都在追求幸福，却不知道幸福在哪里。其实幸福就在关系中，只要所有的关系畅通了，幸福自然就来了。我们的身体取决于五脏六腑的关系，如果它们的关系不好，身体又怎么会好得起来呢?

一、与自己的关系

人，与自己和谐，与内在和谐，与自性和谐。

每个人都有一个头脑的自己和一个内心的自己。如果我们头脑和内心的想法达成共识，就没有矛盾了，就和谐了。外在和谐了，内心就没有小我。头脑充满很多私心的小我，私心是很痛苦的，全部都是在索取，所以才有得不到的痛苦。

内心充满爱、接纳与丰盛，富足便会源源不断。真正的富足是给予，就像天地滋养万物，以平等无私的胸怀，让我们领悟正觉，拥抱生活。

感恩持续学习的自己，觉醒的路勇敢地走。一个人对外界所有的评判、否定，其实都是在指向自己，看到了外在的不好，都是内在的信念系统导致的不接纳。

请接受一切，允许一切，欣赏一切。在我们的生活中，自己与自己独处时快乐的记忆越来越少。我们很少一个人去郊外散步，很少一个人看落日，很少一个人坐着思考世界与自己的人生……

苏格拉底宁愿与众人相对抗，也不愿违背自己内心真理和道德的声音，他知道人真正的痛苦不在于与那些所谓的权威相抵抗，而在于与自己的不和、自己欺骗自己、自己折磨自己。卢梭，为了离开尘世的喧嚣与烦乱，投身于大自然的怀抱，住在自己的小木屋中写作、思考，其乐融融。很多人认为他们过于孤独而不快乐，其实他们的快乐与那些依赖别人而产生的快乐相比，更显得长久和值得回味。他们依赖于自己，因为自己与他人比较，显得真诚，显得永恒，更加形影不离、时刻相伴。

一个人精神上的痛苦莫过于思想与行为的不协调。一个人拥有美好的道德和坚定的信念又常常亲近大自然，一个人自己独处时有喜欢做的事，并且这些事不需要别人的帮忙也能做得完美，他就容易获得心灵的和谐。

与自己和谐相处是一种清净的状态，它不需要顾及别人不必要的感受，心灵的澄澈空明自然而然会产生喜悦。一个人闭眼静坐在草坪上，或在小湖边钓着鱼或一个人漫步在小树林中，这都会带来一种美妙的喜悦。与自己和谐相处是走向成功、幸福人生的必备要素，它排除了一些外界的干扰，节约了大量的交际时间，更使自己免于受到外界人员的不必要伤害，让身心有效地合二为一，达到事事顺遂的良好状态。

在当今物欲横流的时代，与自己和谐相处显得格外的重要。如何给自己心中留下一片乐园？**我通过多年的咨询实践总结出个人和谐成长的三个步骤。**

第一，自我察觉。我们会经历无意识地重复和轮回，开始对自我和重复的脚本有所察觉。

第二，自我接纳。一个人从小到大，从过去到现在，一定会有一些不堪回首的经历。童年受到原生家庭的影响，也一定有一些未被满足的心理需求，这些经历和影响会造成性格上的一些缺陷，要想了解自己，首先要学会接纳自己。

第三，成为自己。当我们真正接纳了自己的不完美，就开始克服了自己的基本恐惧，也开始慢慢放下了自己的武器，懂得了自己真正寻找的意义，真我就出现了。

成为自己的旅程是漫长的，需要我们持续地学习和修炼，而且必须具备坚定不移的信念。有的人用了三年，有的人用了三十年，有的人用了一辈子。

在此过程中，生命将旧有的自己和新的改变后的自己做一个整合，从而成为全新的自己，并获得新生。

二、亲密关系

亲密关系指一种主体体验到的情感或身体上的亲近，宽泛地说，家庭、婚姻、恋爱、性爱等关系都属于亲密关系的范畴。

平等健康的亲密关系是通往幸福的途径，关系到人类一生的福祉。

在人类生活中，亲密关系的重要性主要表现在：亲密关系是人们在社会生活中最基本的需求。人们需要在社会中寻求归属、支持、安慰和爱，以便满足自身的生存、发展和安全的需求。亲密关系是人们在社会交往中产生的特殊情感。婚姻是人们在社会交往中产生的一种特殊情感，是维系人类生存的一种重要纽带，是一种重要的心理需求。

当你的伴侣离开你时，背叛你时，你需要多久走出自己的伤痛呢？

一位女士在婚后第三年发现老公出轨，背叛了自己，最后虽然没有离婚，可是两个人之间形同陌路。她每天大脑中都会出现伴侣背叛自己的一幕幕场景，始终无法原谅对方。她不明白自己如此爱这个曾经对自己发誓的男人，为了他生儿育女，为何他还要背叛自己。这位女士一方面不原谅对方，一方面又想得到对方真心的爱，最后不仅夫妻双方关系破裂，她还因为长期情绪压抑，得了乳腺癌。

梁启超说过：家是讲爱的地方，不是讲理的地方。

关系对人的重要性不言而喻，当我们珍惜的亲密关系出现危机时，我们往往会魂不守舍，进而变得癫狂、痴迷，甚至为此得重病。

关系和谐亲密的夫妻，要比关系恶劣的夫妻，更幸福、更健康、更长寿。据调查，在大学中，孤独无伴的人，免疫力会变弱，更容易患上感冒或者流感。拥有很多朋友或者有恋爱对象的人，得病概率就会减小。

你可以看看你身边的人，结婚生育孩子有爱的家庭遇到问题时，他们之间会相互陪伴、照顾，幸福值也更高。

失去已有亲密伴侣的关系对自身也是有害的。有的中年人伴侣去世以后，会变得精神萎靡不振，从不喝酒变得爱喝酒，从生活规律变得不规律，神经质的发病率会更高。

老年人在丧失亲密伴侣时，不少人不久之后也会去世，相比婚姻维持的老年人来说，死亡的概率更大一些。一个人晚年时，和谐的、稳定的伴侣彼此之间相互依赖，相互陪伴。伴侣去世后，老年人面对孤独寂寞容易得病，导致跟随另一半死亡。

在婚姻中幸福的人，对工作和家庭都非常地积极，面对危机时，很容易去化解，家庭的凝聚力非常好。在一个不幸福的婚姻中，遇到哪怕很小的事情，也会变得紧张，得不到长期的关爱、认可，自己心理变得不健康，工作和事业很容易失败。遇到危机时，这些人很可能会一蹶不振，从此陷入痛苦中。

和谐的婚姻可以提高自己的幸福度，让自己长久地沉浸于幸福中，花费时间去经营婚姻，可以得到更多心理上的满足感。婚姻不幸福的人，通常很多心理无法满足，感受到的是痛苦的经历，从而变得多疑，神经质。婚姻的经营如同身体健康的经营，你善待它，它就会回报你；当你不去善待它时，你会失去更多。

三、亲子关系

亲子关系是指孩子与父母的关系，是人类最初的一种人际关系。只有在良好和谐的亲子关系下，孩子才能尊重父母，听从父母的教育。良好的亲子关系在孩子成长的过程中非常重要。

它对提升孩子的信任和安全感有帮助。在培养孩子的过程中，孩子冷了父母会给他加衣服；孩子饿了父母会给他饭吃，孩子不舒服时父母会关心他，这些让孩子感觉自己遇到困难时，父母会帮助、理解他，这能培养孩子的信任感，同时他也觉得这种环境是安全的。

亲子关系同时也能提升孩子的良好形象。良好的亲子关系中，父母会接纳孩子、理解孩子、欣赏孩子，孩子觉得自己是优秀的，对自我的认可也会很高。

亲子关系还能发展良好的人际关系。父母在教育培养孩子的过程中，关心、体贴孩子，孩子遇到困难时帮助孩子，这种行为让孩子习得了人和人之间要互相帮助、互相理解，有困难要一起努力的能力。有了这种理念以后，孩子跟别人的交往能力就会有很大的提升。在培养孩子的过程中，让孩子去探索实践，同时在孩子遇到困难时及时给予帮助，这种良好的亲子关系可以提升孩子接受新鲜事物，去探索新鲜事物的能力。

意大利著名的教育家玛丽亚·蒙台梭利强调，人生的头三年非常重要。新生儿如果经常从父母那里得到抚爱，往往性情比较温和，易形成信赖感。相反，如果新生儿得不到看护人的亲近，那么他的心理发展将会受到极大摧残，从而造成智力低下、性情粗暴、行为野蛮。美国心理学家哈洛做的恒河猴实验就说明了这一点。他把一个刚出生的小猴与母猴分开，放在装有两个假母猴的笼子里，假母猴一个是铁丝做的，它可以喂奶；另一个是毛巾做的，它不能喂奶，但近似于母猴。结果这个小猴到铁丝母亲那儿去吃奶，却总是在可以拥抱的毛巾母猴那儿玩。当给它恐惧刺激，小猴会直奔毛巾母亲。可见身体的接触给小猴以舒服的感觉，形成小猴依恋母猴的情感。小动物是这样，那么作为高级动物的人类也是如此。有人观察过，孤儿院的孩子出生后一年半就开始对人冷漠，面部表情呆板，长大后攻击性行为严重，爱发脾气，爱破坏东西。孩子从小喜欢活动，如果看护人过分制止，也会导致孩子产生粗暴行为。由此可见，出生后亲子接触对其感情、智力和以后的行为有着重要影响。

幼儿进入幼儿园接受集体教育通常是在3岁左右，3岁以前大部分时间在家中。蒙台梭利认为这3年父母的作用是巨大的，尤其是母亲。她强调，从一开始母亲就应该与孩子接触，这种肉体的接触帮助孩子习惯新的世界。母亲会发出一股看不见的能量。

前几天，我和闺蜜菲菲聊天时，谈起对孩子的陪伴，她说有一次她一边陪孩子玩积木，一边处理工作信息。儿子生气地把积木推倒后不玩了。她感到很困惑，明明自己陪着孩子，他为什么还不满足呢？

陪伴对于孩子很重要，已经成为很多家长的共识。大家都知道，父母多花点时间陪孩子，就能解决家庭中的大部分挑战和问题。可是，很多父母却认为，只要在孩子身边，就算陪着孩子了。

就像闺蜜菲菲，她在陪伴孩子玩积木时，心里惦记着工作，拿出手机来处理工作，孩子非常生气。

其实孩子之所以不高兴，是因为菲菲的陪伴是无心的陪伴。她的行为其实是在告诉孩子，即使我在陪着你，但是你无关紧要，所以我可以分心去考虑其他事情。

这种“假装在陪伴”其实比不陪伴让孩子更难过。只有专注的陪伴，才能让孩子感受到满满的爱和在乎。

孩子需要的不仅是陪伴的时间，更需要的是陪伴的质量。高质量的陪伴是指给予孩子充满热情的全身心关注。我们在陪着孩子时，心思全部放在孩子身上，不打电话、不工作、不做家务，不玩手机，就专注地陪伴着孩子，这是高质量的陪伴。陪孩子玩他们喜欢的玩具、陪孩子一起阅读、给孩子讲故事、陪孩子打球……重要的不是我们陪孩子做什么，而是，我们的一颗心都在孩子身上。

被高质量陪伴的孩子，会感觉到父母满满的爱意，而在这种爱意的滋养下，孩子会收获幸福，我们会收获一段良好的亲子关系。

四、夫妻关系与原生家庭的关系

原生家庭，在某种程度上决定了一个人的人生，父母的思想潜移默化地影响着孩子。

健康的原生家庭的第一条定律：夫妻关系是第一位的。

在中国的传统观念中，我们一直比较重视由血缘形成的宗族、家族关系，而夫妻关系往往会因为时间流逝而变得平淡、夫妻间有如“左手握右手”。

在中国的家庭中，亲子关系远远大于夫妻关系，这是造成现代家庭矛盾和问题的根本原因。亲子关系包括：婆婆与丈夫、丈夫和孩子、妻子和孩子。当这种关系凌驾于夫妻关系之上时，容易出现两个典型的家庭问题：糟糕的婆媳关系和“妈宝男”。

中国婆媳关系难以相处的终极奥秘是：婆婆认为儿子（而不是丈夫）是她最重要、最亲密、最割舍不下的人。当儿子要组成自己的新家庭时，婆婆会觉得自己失去了生命中最重要的人，所以会下意识地阻止儿子与儿媳妇建立亲密关系。

事实上，很多“妈宝男”就处在这样的家庭环境中，在他们的潜意识里，母亲是自己最重要的人（比父亲、妻子都更重要）。他们认为自己不能辜负母亲，应该“回报”母亲。

于是，中国家庭中出现了很多“媳妇可以再娶，妈只有一个”“老婆与妈的关系难以调和”等不和谐的现象。这就是婆媳关系困难的根源。

当夫妻关系退居次要关系时，亲子关系就在家庭中拥有第一发言权。父母都不愿意与孩子分离，因为在他们心里，孩子是唯一可以信赖的依靠（另一半有时都不值得信任）。

于是，父母总是舍不得放手，导致很多“00”后的孩子毕业后成为“啃老族”。

帮助一个3个月的孩子翻身，很容易；

帮助一个3岁的孩子捡玩具，很容易；

帮助一个13岁的孩子学习、认识社会有些难度；

帮助一个23岁的“孩子”工作、成家、树立人生的意义和价值，很难。

生命的整个过程就是一个从开始的完全融合到一步步不断远离的过程。从生命在母亲子宫里开始孕育的那一刻，十月怀胎，母亲和孩子完全融为一体。但从孩子出生，第一声啼哭开始，剪断脐带的那一刻，孩子就与母体分离了，开始了自主呼吸。

生命的孕育始于融合，生命的诞生始于分离。

此后的生命历程，一步步地将分离这个主题演绎下去，婴儿在母亲的哺育下，需要不分昼夜地全天候陪伴，无论喜怒哀乐，还是吃喝拉撒，都需要至亲，特别是母亲的呵护。

随着孩子逐渐成长，学会坐，能够爬，开始走，越来越有能力探索周围的世界。慢慢地，孩子开始意识到妈妈是妈妈，我是我。但是，他们在内心中始终无法接受妈妈会离开自己去工作。

接下来，孩子不得不在没有妈妈和亲人陪伴的情况下独自闯世界了。上幼儿园的第一天，几乎所有的孩子们都会大哭，这是分离带给他们的实实在在的痛苦。

接下来，是小学、初中、高中……最后，孩子们彻底离开家。再后来，孩子开始组建自己的家。再后来，孩子有了自己的孩子，开始新一轮的分离。

无论分离有多疼，我们必须这样做。因为拒绝分离，就等于拒绝成长。

美国心理学家斯考特·派克说，懂得分离的爱才是“真爱”。因为父母必须主动与孩子分离，这样才能促进孩子的人格成长，并让他最终成为一个有独立人格的人。

如果我们将夫妻关系作为健康的原生家庭的第一位关系，我们就可以很好地解决那个困扰无数男人的“千古难题”：当老婆和妈妈同时掉进水里，你先救谁？答案是先救老婆，因为妈妈应该由爸爸来救。

原生家庭的奥秘究竟是什么？

一朵玫瑰花的种子与一株芥菜的种子在成长中有相似的过程，它们都会在阴冷、潮湿、黑暗的土里孕育，它们的种子、甚至幼苗的形态都极为相似。经过阳光雨露的滋养、经过雨雪风霜的洗礼、经过四季的更迭，玫瑰花选择生命的怒放，艳压群芳；芥菜也成熟了，成为一颗普普通通的蔬菜。

一样的成长环境却有天壤之别的结果，需要有人告诉芥菜，这是为什么。

玫瑰说自己的成功缘于自己的心态、自己的不屈，而芥菜们喜欢把失败归罪于自己的出身不好，归罪于自己的生长环境。

于是，它们带着愤怒、怨恨的心去回顾自己的过去，会把阴冷、潮湿、黑暗的土壤看成是自己失败的原因，把风霜雨雪的四季变化看成是自己失败的原因，把浇水施肥看成自己失败的原因……这些的确可以影响你的成长。

问题的根本并不在于它有什么样的过去，而在于它是什么种子。每一粒种子里面都包含着它将成为什么的可能性，跟土壤环境没有关系，跟风霜雨雪没有关系。

你成为芥菜，他成为玫瑰花，不是因为过去，而是因为你们的人生内核完全不同。

人生的内核是什么？

是每个人出生的阶级吗？不完全是。

人生的内核还包括获得知识的能力、积累经验的能力、培养情商的能力，这些是底层思维，更是每个人的核心能力。

人的一生，充满着无数的机遇，有无数条路径。多数人因看见而相信，少数人因相信而看见。

了解自己的人生内核是什么很重要，更重要的是**挖掘**人生的内核。

我的一个学员是一位宝妈，当初是做销售工作的，这两年辞职在家带孩子，特别喜欢做各种美食，比如营养早餐、手工小点心之类等。她经常把做美食的过程拍成短视频。等孩子睡了之后，再爬起来剪视频、配上文字和解说，虽然很累，但是她乐此不疲。

自媒体时代，她开通了几个平台的账号，坚持输出，粉丝积累超过50万时，她创建了自己的品牌。她把自己做的美食小部分作为福利送给粉丝，大部分用来销售，现在赚的钱比上班的时候还多。我的这位学员就找到了自己的“内核”，较强的动手能力，美食的创作能力，再加上不错的沟通表达能力，她开辟了属于自己的小天地。

如何挖掘自己的内核？

我认为，如果一个人乐此不疲地把精力投入到哪里，就是他的优势和天赋之所在，这也可能是他的一个发光的内核。

就像挖金子一样，我们刚开始不知道自己站的这片土地，到底有没有埋着金子，但当你行动起来，乐此不疲地做起来了，也许，你就能挖到金子。

除此以外，我们觉得自己“失败”的原因是，总是用一朵“玫瑰花”的标准来审视自己的成长过程。

人生是一场马拉松，在开始的某一阶段成长为一颗“芥菜”也不要紧，因为芥菜不代表不成功。我们仍然可以重新跟随着成功者的步伐，坚持不懈，再度去追逐成为成功者的梦。

你真正需要的，不是如何成功，如何成为玫瑰花，不是如何向外面寻找原因。而是意识到，成功的标准不是唯一的——芥菜和玫瑰花都是成功的。

你需要的是从标准中醒来，把一直向外寻求认同的目光收回来，认真地审视一下自己。

只有在这个时候，你才能真正知道自己是谁，你才能真正知道你的前几十年都在用别人的看法与标准来要求和折磨自己。你的痛苦不是由他人造成的，而是完全源于自己向外寻求认同的心理，这就是向外归因。

其实，你可能一直是完美的，一直是圆满的，只是你不了解这一点，只不过现在完美的枝叶上蒙了一些灰尘。

虽然你可能读了很多书，学了很多相关知识，却没有转化成相关的能力，也就是进入了“获知障”的层面。

那么，我们如何突破原生家庭的围栏呢？

第一种练习，寻找一位你内心的领路人。

他可能是你的朋友、你的领导、你的师长。他与你的思想和见识，不在同一个维次空间。你在三维，他可能在五维，他可以完全跳出你所在的环境来看待问题。你在一楼，他可能在五楼，可以看到你看不到的即将发生的事情。

如果你有这样一位领路人，他会随时带你调频转念，看清楚你现在所面对的境地。

我曾经在线下做过很多场这样的连接，带着学员们一次一次地做体验练习。很多学员在练习后都潸然泪下，泪流不止，因为在每一场的练习中，她们完全回到了创伤的那个阶段，整个疗愈的过程就像把她们体内伤口的脓血挤出来，然后再把这个伤口消炎，再把它缝上，慢慢地它就会愈合。

第二种练习，如果你暂时没有找到能够连接的领路人，你可以找寻你童年记忆中，最能给你安全感的人。

比如在你的原生家庭中，如果爸爸妈妈与你的关系不好，奶奶特别疼你。那么在家族成员中，奶奶就是那个最能给你安全感的人。所以，在原生家庭的突围中，你可以与奶奶做连接，向她诉说。也许奶奶可能已经不在了，但是完全不影响你跟她之间冥想的连接。

> 我的一位学员朋友，小时候过得很苦，8岁时母亲就去世了，继母经常打她。每次继母打她，她就跑到妈妈的坟头，去和妈妈做连接。她趴在坟前，内心里非常渴望被妈妈拥抱的感觉。每次她待一会儿，就能疗愈很多，因为妈妈是她家族成员里给她最大安全感的人。

同样，你也可以用这样一种方式去做一些冥想练习，通过这样的练习之后，你的内心会发生变化。比如你和老公经常吵架，吵得特别凶。通过练习后，你发现原来自己当时完全在情绪里。你就会重新审视自己，模仿我的思维方式、模仿我做事的感受，想象我会怎么处理这件事情。

这就是转念的力量，拥有这种力量，你就会从情绪中跳脱出来。

第三种练习，与你的情绪在一起。

当你在家庭里感到不顺心时，你会一直都在情绪里，你会问：我老公为什么是这样？我老婆为什么是这样？我孩子为什么是这样？我婆婆为什么是这样……这就是很多人常有的思维模式。

当发生各种矛盾冲突时，你会非常愤怒、生气、绝望、委屈，你总会想，对方怎么会这样。学习完之后，我们会开始察觉我们的情绪。

察觉情绪，就是说我为什么会有这样的情绪。

我老公说我今天穿的这件衣服不好看，我为什么动情绪呢？

原来是我想得到他的认可。

我闺蜜说我今天妆化得不好，我为什么动情绪呢？

别人说我的孩子不如他的同学好，我为什么动情绪了呢？

试着去探寻你情绪的根源，你会发现，你的愤怒、你的委屈，你的绝望，你的歇斯底里，往往都源自你童年时期在原生家庭中未被疗愈的创伤。

我们发现很多夫妻吵架、分居、离婚，双方闹得鸡飞狗跳，完全沉浸在情绪中，这是由于缺乏内观的能力。

第四种练习，接纳你心中的“阴影小孩”。

有没有这样的时候，当你做错了一件事，你会不断地自责，我怎么这么笨，我是不是有什么问题。你有时会停留在你儿时的记忆里，别人会给你贴标签。比如，你爸爸妈妈经常说你特别笨，你一做错事就马上自责，你也会觉得自己特别笨，会把所有的事情都搞砸，明明是别人犯的错，你也会揽到自己身上。这个时候你放大了童年时别人给你贴的标签，这种现象就叫阴影。

随着年龄的增长，你的肉身虽然长大了，但是心理仍然停留在小时候的创伤阶段。你自卑、不自信、自负、歇斯底里、绝望，忧郁，这些都是你童年的标签。

我们要学会接纳自己心中的那个阴影小孩。因为你心底那个被别人贴了标签的小孩，当时并不一定是他犯了错，也许他的父母不是一对合格的父母。

你要承认，过去你确实是这样的一个孩子，现在你要把他和你的过去做一个剥离。现在我们读了本书，是一个学习过，有觉知能力的人，是一个完整的人。我们会意识到，当年父母以那样的方式对我，爷爷奶奶姥姥姥爷给我贴各种标签，并不是我的问题，那是他们的问题。

他们给你贴标签，其实是他们自己的标签。无能的父母，他们不会承认自己很无能，他们会说孩子很无能。“无能”这个标签也是别人贴给他们的，他们没有能力摘除，就会贴给孩子。

你一定不要相信他们给你的“魔咒”，否则，你将永远走不出来。同时，我们从今天开始学会剥离这个标签。如何剥离呢？你用五个关键词来形容一下自己，哪些是负面的关键词，哪些是童年时期就有的，这些就是父母或者其他长辈给你贴的标签。

我们要承认这个阴影小孩，接纳这个阴影小孩的存在。与他做冥想的练习，撕掉这个标签，才是你真正生命力量的开始。

第五种练习，突围你的原生家庭。

如何突围？在接纳你心中的阴影小孩时，你可以与他沟通，给他写信。以你现在一种成熟、洒脱、自信、健康、阳光的状态，与你的阴影小孩、你的童年进行对话。

写信的内容是关于你童年经历的，以你一个成年人的状态与你的童年时期进行对话。比如我童年的某一个阶段，爸爸妈妈因为一件什么样的事情惩罚了我，甚至殴打了我。那个时候我特别地委屈，爸爸说我很笨、很没用。妈妈也整天抱怨爸爸，要和爸爸离婚。我那个时候特别的恐惧，一直想讨好他们。

我们通过这种写信的方式，与你的阴影小孩做连接。告诉他，现在的你，作为一个成年人，能够理解自己的父母。他们也是第一次做父母，我们要面对，才是解决一切问题的开始。

就如同一个患了癌症的病人，当医院的医生第一次和他说检测出来你得了癌症，他可能不愿意面对。他会到很多的医院，去反复做检测、检查，直到这些医院的医生都告诉他得了癌症。他第一个阶段一定是不愿意相信的，反复确认之后，他只好被迫接受，心里还是不愿意去接受患癌这个事实，所以，他会经历很长一段时间的对抗。对抗的时候，他会想，为什么得癌症的偏偏是我？我这一辈子到底做了什么倒霉的事情？如果他一直处在这种哀怨的状态里，对于治疗是没有任何帮助的。反而在这种愤怒中，这种严重的恐惧会加重病情。

当重大疾病来临时，很多人是被吓死的。有人说，三分之一的癌症患者都是被吓死的。病由心生，如果这些重疾患者，能够进行一些心理疏导，有些病是能够治愈的。即便不能痊愈，他也能活得不错。所以，很多人在极度绝望、悲愤，负能量极大时，更容易患癌症。每个人体内都有原癌基因，当你的情绪长期低落、负能量很足时，就容易癌变，比如乳腺癌、甲状腺癌、肝癌、肺癌都与长期的情绪低落和心情压抑有关。

同样，由原生家庭造成的心理疾病，我们也要充分地重视，一定要与你内心的阴影小孩做和解。

看见是和解的开始，
只有看见才能面对，
只有面对才能和解，
只有和解才能解脱，
只有解脱才能放下。

道理说起来简单，但很多人做不到。如果我们能够做到，当面对重大疾病时，我们就会认真地面对，认真地内观，及时地调整自我心态，与自己现状和解，和解才能去发现自己的真实情况：为什么这么多年我的身体会透支这么严重？为什么这么多年我的身体会被摧残得这么厉害？从这样的角度去寻找你疾病的来源，你就会知道你为什么得重病。这时，你就与你的病情进行了和解，你会非常配合医生的治疗，你的心情也会平和，甚至充满喜悦。

有因就有果，有果就有因，因果循环，我们今天做的每一件事，都是正在创造下一个果，这才符合宇宙规律。

第13章

向内归因　向外生长

一个人，需要用窗户来看外面的世界，需要用镜子来看自己的内心，窗户看到的是外面的明亮，镜子看到的是自身的不足。

——佚名

> 乌鸦和鸽子住在一个小森林里，一天，乌鸦愁眉苦脸地跟鸽子道别，说自己要搬走了。鸽子问它："你为什么要搬走呢？"乌鸦回答道："其实我也不想搬走，但这里的人对我太不友善了。他们一见我就捂着耳朵，嫌我叫声难听，我是真的待不下去了。"
>
> 鸽子沉思良久，对乌鸦说了这么一番话："朋友，你有没有想过，你如果不改变自己的声音，无论你搬到哪里，都不会有人欢迎的。"
>
> 乌鸦顿时哑口无言。

这就是心理学上著名的"乌鸦定律"。

我们了解原生家庭的知识后，不能走向极端。不少人就像乌鸦一样，认识不到自身的缺点，将问题和失败都怪罪在外因上，凡事都归咎他人，把自己当作"受害者"。而这种受害者心态，会逐渐拖垮和毁掉我们的人生。

我在提供心理疗愈的时候，很多学员向我抱怨自己生活得不如意："从小到大，就没有人真的爱我，我家里人对我一点儿都不好……为什么我总会遇上这么多倒霉的事情？孩子不听话，爱人对我不好，每天都生气……"

很多时候，听完朋友们的这些抱怨，我感觉他们被受害者的心理捆绑了。受害者心理是一种消极的思维方式，总认为自己是世界上最无辜的受害者。他们会总抱怨，认为所有的问题都是别人的责任或者社会的不公造成的，自己没有任何责任。

拥有受害者心理的人，会有这样的想法：整个世界都在和他作对；无力处理生活中出现的任何问题；把自己生活中的所有不顺全部怪罪到他人身上；如果别人给他提意见，他就会认为别人在攻击他；无法正面自己的错误，选择逃避；满身的负能量、看什么都不顺眼。

拥有受害者心理的人，认为自己天生就是不幸的，自己再努力，也是徒劳的，久而久之，就选择了躺平。据研究，人群中80%的人，或多或少都会有一点儿"受害者心理"。

我在大学做心理辅导时，有一位学生给我的印象很深。

刚刚入学的时候，他充满干劲，天天到自习室学习，成绩不错，还拿了奖学金。后来，丰富的大学生活让他放松了对学业的追求。大三时，他听从别人的建议，提前一年准备考研。其他同学考前都非常用功地备考，而他总觉得考试不难，复习时间还长，所以，他也不认真复习。

结果考试时，他傻眼了，想破脑袋也不会做。后来，一起报名参加考试的同学，都考上了研究生，而他名落孙山，只能去找工作。因为时间匆忙，工作也不如意。

于是，他天天抱怨，抱怨出题太难太偏；抱怨自己上学太忙，没有时间复习；甚至还怪那些拉着他报考的同学，让他错过了找工作的最佳时机。

拥有这种心理的人，遇事都向外归因，总觉得自己的不幸都是外界造成的，从不反思自己，总是怨天尤人。

为什么会产生受害者心理呢？许多拥有受害者心理的人，都曾受过创伤，受到的创伤程度越严重，他的受害者心理就会更严重，对可能造成的伤害也更加敏感。正是在那次创伤经历中，让他认为无论自己多努力反抗都不能改变任何结果。渐渐地，这种思想就会固化，他也不会相信会有改变。

1962年，“喜剧之王”周星驰出生在香港九龙的一个贫民区，在家中他排行老二，上面有一个姐姐，下面有一个妹妹。本就家庭贫寒，家里又有三个孩子，父母为生计经常吵架，有时候甚至大打出手。在他7岁时，父母离婚了，原因是父亲出轨了。母亲是一个强势的女人，对于丈夫的做法，她无法原谅，很快就提出了离婚。父母离婚后，他和母亲、姐姐、妹妹相依为命。一个离婚的女人，在那个年代，拉扯三个孩子很不容易。星妈上午出去做护士，晚上还要加班裱画，要一直做到凌晨三四点。最辛苦的时候星妈一天打三份工。周星驰很早就学会了独立，在很长一段时间都拼命地挣钱。迄今为止，周星驰仍然觉得钱很重要，可见童年的影响对他有多大。

如何摆脱受害者心理，走出原生家庭的困境呢？只有向内归因，才能清楚地认识自己；向外成长，才能更好地发展自己。

那么，如何实现向内归因呢？向内归因，不是用眼睛去看，人的肉眼能看到的世界太小太小了。我们肉眼在这个浩瀚的世界，连一亿分之一都看不到。当一个人站在我们的背后，我们看不到，因为超过了我们的视线范围。同样，往远处看，几百米已经是我们的极限。

《西游记》里讲我们普通人是肉眼凡胎，孙悟空在太上老君的炼丹炉中练出了火眼金睛，才能看出事务的本质，发现妖魔的万千变化。

所以，我们仅靠肉眼是不够的，向内归因需要靠“慧眼”，这个慧眼要靠悟，需要实践，需要修炼。在修炼的过程中，我们可以真正地走进“我”的智慧，真正地理解向内归因。

与向内归因相对应的是向外归因。我看到很多受过原生家庭创伤的人，一直走不出来，他们抱怨为什么家里除了创伤以外，没有提供任何帮助。为什么别人的父母当官、做生意，为什么别人的父母可以买车买房，为什么别人的父母可以让孩子衣食无忧，我的父母不但什么都没给我提供，还让我背了一身债。我为什么投胎到这样的家庭……这种抱怨就属于向外归因。

如果已经步入中年，你人生上半场的考试，你满意吗？你的情感、你的生命关系、你的幸福指数，你的财富状况、你孩子的教育、你的身体等这些因素，你满意吗？

如果你觉得不满意，我们想一想为什么？

是不是因为我们都活在物质欲望里？

是不是因为我们都活在物质层面？

是不是因为我们都活在与别人的攀比中？

隔壁邻居购买了一栋小洋楼，你天天坐卧不安；谁家又发了财，谁家老公又升了职，谁家买了几十万的新车，谁家孩子考上了重点大学……

是不是这些让你觉得，你人生的上半场不如意。那是因为你活在了物质需求层面，活在向外归因里。

越向外归因，你越焦虑；越向外归因，你越恐惧；越向外归因，你越愚钝；

越向外归因，你产生的问题将越严重；越向外归因，你的身心越来越不和谐；越向外归因，你的嗔恨心越来越浓，你的智慧越来越少。

人们为什么喜欢向外归因，因为向外归因简单。向外归因，所有的问题都与自己无关，都是别人造成的。比如你的家庭条件不好，你向外归因，是因为我没有遇上一个好爸爸。我家里之所以这么穷，是因为我的丈夫没有能力赚钱，是因为我丈夫家里太穷。这种向外归因，把所有的事情都归结于外部因素，和自己一点儿关系都没有。越是这样向外归因，你越无法找到症结所在；这样向外归因，你永远找不到生命幸福的路、开悟的路。这也是很多人的人生上半场过不好的一个主要原因，因为都在向外归因。而这些向外归因，没有给我们带来本质上的任何改变。

同样，这样向外归因的出发点也是错的，我们衡量成功、衡量幸福，不应该是以拥有了多少财富来衡量，而是应该以帮助了多少人，获得了多少正能量反馈来衡量。获得正能量反馈的方式很多：给陌生人一个友好的微笑是正能量反馈，给失败的人一个鼓励是正能量反馈，给成功的人一个赞美是正能量反馈。对别人心平气和是正能量反馈，对别人表示感谢是正能量反馈，对别人坦诚相待是正能量反馈，认真倾听是正能量反馈，保护环境是正能量反馈。和别人比赛，赢了对方是正能量反馈，因为你让他有了进步的目标；输给对方是正能量反馈，因为你让对方获得了成功的快乐。爱自己，相信自己，认可自己也是正能量反馈。这样的正能量反馈积累得越多，自己就越成功。

哈佛大学的一项研究发现，人的大脑18岁时还未发育成熟。即使发育成熟后，大脑仍存在持续生长的区域——前额叶皮层。该区域主管注意力、复杂规划、决策、冲动控制、逻辑思维、组织思维、人格发展、风险管理和短期、长期记忆等。所以，我们的人生是个不断成长的过程。

30岁到40岁是人生的一个关键时期。孔子说“三十而立，四十不惑”，30岁就是人的世界观、人生观、价值观成型的时候，是为立三观。40岁，人生进入到下半场，四十不惑，应该活得更加通透，也能看到更多的真相。罗曼·罗兰说，生活中只有一种英雄主义，就是在认清生活的真相之后，依然热爱生活。四十不惑，不是懂得了人生的全部，而是看清了人生的真相；不是收获了人生的美好，而是学会了与不完美的人生相伴而行。四十不惑，是对自己的不惑，对他人的不惑，对世界的不惑。

首先，我们应该明白自己活着的目的、价值和意义，心态要更加豁达。

想想我们刚刚步入社会，往往年轻气盛、虽然胸怀远大的理想和饱满的斗志，但是由于缺乏经验，做事结果往往事与愿违。遇到挫折，年轻人难免容易产生疑惑，从而产生强烈的自我怀疑和自我否定。

在一次次跌倒、站起之间，人慢慢地学会长大。在经历人生的各种历练，来到不惑之年之后，我们突破自我认知的局限，具备了自知之明，对自己有一个准确的定位和评价，明白自己擅长干什么，核心优势在哪里，如何能取得成绩，怎样实现自我价值。

当一个人明白了这些问题，他的内心就会变得淡然和坚定，无比强大起来，不会被外界的诱惑所动摇，只会按部就班地追求自我价值，实现个人目标。

其次，进入人生的下半场，我们应该拥有了海纳百川的心胸，理解“存在即合理”的事实。只是认清自己的定位还不够，人是群居动物，每天要跟形形色色的人打交道，跟别人打交道时不会因为产生困惑而烦恼，才是人生的大智慧。

当一个人拥有了包容而开阔的胸襟，正确看待人与人之间的不同差异，对自己不再盲目自恋，也不妄自菲薄，对别人能够接纳和容忍存在的缺点与错误，也能真诚地欣赏别人的优点和才华，那么，他就看清了“存在即合理”的事实，进入了对别人不再困惑的境界，这是一种人生的大境界。人只有更好地融入社会，在为人处世上游刃有余，才更容易取得成功。

再次，进入四十岁，应该具有通过现象看本质的本领，对世界不再困惑。

认清自我，宽容他人，仍然不够，更需要看清这个世界，对世间百态不再困惑。要看清世间百态，唯有不断学习，积累自己多维的知识架构和丰富的经验，方可具备一双慧眼。用慧眼看世界，看到的便不再是表象，而是真相。

人到40岁这个年纪时，因为经过了许多历练，形成了自己独有的人生观、价值观和世界观，所以，在个人的内心深处就建立了一套比较完善的处世之道，考虑事情会更加全面，自己的主见轻易不会被世间百态所动摇，也不像年轻时那样容易被外界所诱惑，从而做出错误的判断。实现不惑，我们的身心会拥有更高的能量。

人生的上半场是对欲望的追求，人生的下半场便是与世俗的和解。人生的上半场是在索取，人生的下半场就是在给予。如果你悟不到这一点，还是一味地索取，你人生的下半场将会进入一个难堪的循环。想一想，如果我们的人生即将走到终点，我们回首这一生，会有哪些遗憾呢？身患癌症的李开复写了一本《向死而生：我修的死亡学分》给了我们一个答案。

李开复1961年出生于台湾省，祖籍四川省成都市，曾就读于美国卡内基梅隆大学，获计算机科学博士学位，而后在苹果、微软、谷歌等硅谷著名企业工作多年。他相继担任过微软全球副总裁、谷歌全球副总裁兼大中华区总裁等重要职务。2009年，李开复离开谷歌，创立“创新工场”，专注于风险投资。2018年12月，他入选“中国改革开放海归40年40人”榜单。

2013年，在52岁生日来临前，李开复宣布自己得了淋巴癌，由此开始了17个月的治疗。2015年6月30日，与癌症斗争近两年的李开复发微博透露自己已康复，称：“我最近两次检查都看不到肿瘤了。”他将自己抗癌的心路历程，记录在了新书《向死而生》中，并表示“我为死亡修了7个学分”。

当我们面对死亡，反而容易得到顿悟，了解生命的意义，让死亡成为生命旅程中无形的好友提醒我们，好好生活，不是只度过每一天的日子，也不只是追求一个现实的名利目标。

李开复将人生需要修的7个学分进行了归纳。

第一个学分：健康是无价的。以前李开复是个工作狂，认为睡眠是浪费时间，每天早起回复邮件，想向员工证明他自己工作多么努力。直到生病，李开复才幡然悔悟，深刻认识到，如果健康失去了，一切就都没有了。他告诫年轻人在努力工作的同时，一个礼拜一定要拿3、4个小时来维护自身的健康。

第二个学分：一切的事物都有它的理由。李开复说人们有时把发生在自己身体的事情，认为一定是自己做错了什么才惩罚到自己的身上，其实不见得如此。

他告诉我们应该多思考一件事发生，是不是有什么正面的启示或者正面的力量。如果发生一个灾难，不要把它当成一个果，而是把它当成因，只要把它当成因，任何的灾难都是学习的机会。

我们生病了，是让自己学会更健康的生活；我们无助的时候，是让自己接受无法改变的事实；我们面临死亡的时候，才能知道人生最重要的事情是什么。

第三个学分：珍惜缘分，学会感恩和爱。李开复说他以前认为每年陪母亲5天就算完成了任务，尽到了责任。直到面对死亡时，他才知道家人对他无私的爱，才知道自己当年是多么冷漠，多么敷衍地表达孝顺。

李开复认为真正的改变自己应该有三个层次，第一层次是别人对自己好，自己感觉到了这就是感恩；第二层次是别人对自己好，自己要知道回报；第三层次是自己付出不要求回报，这是最高的境界。

爱不应该藏在心里，应该表达出来，不要等到以后没了机会才后悔莫及。

第四个学分：学会如何生活，活在当下。李开复当时是淋巴癌四期，他认为自己活在世上的时间可能不长。他想到如果生命只剩下100天，自己会怎么度过这段时间?

他希望在自己最后的日子里，和妻子去曾经度过蜜月的地方，和孩子们去曾经快乐过的地方，怀念回忆过去的美好，活在当下，让每一天都成为最特殊的一天。

第五个学分：经得住名利的诱惑。李开复说，对于财富来说，确实是越多越好，但不要贪婪；对于名望来说，不要过于执着，只要做好自己的本分就可以了。

第六个学分：人人平等，善待每一个人。李开复告诉大家，人人都是平等的，不要吝啬自己的爱，对周边的人应该多一些微笑，多一些善意。也许我们一个小小的行为，都能帮助到别人。

第七个学分：我们的人生究竟是为了什么？李开复说，人生不一定对自己有很高的要求，有缘认识周围的人，好好体验人生，结交善缘，做事问心无愧，做人真诚平等，让自己的每一天都能学习，成长，其实就够了。

李开复认为，在珍贵的生命旅程中，应该保持着初学者的心态，对世界有儿童一般的好奇心，好好体验人生，让每天的自己都比以前有进步有成长，不要想着改变他人，做事问心无愧，多感恩和爱你周围的人。对人真诚、平等，这样就足够了。如果世界上每个人都能如此，世界就会更美好。

无论以怎样的角度来看，李开复都是我们眼中的成功人士。但是，就像他说的："世事无常，生命有限。原来，在癌症面前，人人平等。"我们不禁感慨，脱去虚名与成就，我们的人生还剩下什么？这7个学分，我们已经修了多少分？

万病由心生，万法由心造。当你身心合一，你就延年益寿。身心合一，就需要向内归因，向外生长。那么，如何向内归因呢？向内归因，从自省开始。

孔子说过："见贤思齐焉，见不贤而内自省也"，并强调"每日三省吾身"。一个人只有真正认识到自己真实的样子，才能够正视自己，这是一切变好的开始。所谓自省，就是客观地、实事求是地总结经验教训，得出一个规律性的东西，用于自我的规范。

日本有一位著名的企业家，叫稻盛和夫。他白手起家，创立了两家世界500强企业。稻盛和夫小时候并不出众，中学、大学考试时常不及格。后来，通过导师的帮忙，他好不容易进了日本松风会社。可一进会社，稻盛和夫就后悔了，因为这个公司不仅破，还经常拖欠工资，员工士气低落，常常以罢工来宣泄。跟稻盛和夫一起进会社的4个大学生全辞职了，他也想辞职。这时，远在家乡的哥哥告诉他："你要好好想想，我们还有5个弟妹要养。"稻盛和夫回到住处，认真地自省：自己只是一个不起眼的大学毕业生，没有技能也没有经验，要想生存下去，要想养活弟妹，只有咬牙坚持下去。既然没有办法改变环境，必须改变自己的想法，要喜欢上自己做的事，要全身心投入工作。于是，顶着被罢工同事们辱骂孤立的压力，稻盛和夫背着锅碗瓢盆，把衣服被褥也带到了公司实验室，专心致志做起了产品研究。在没日没夜的努力下，终于有一天，他开发出了一种被称为"优质型绝缘材料"的世界领先的新型陶瓷材料。这一突破，让濒临破产的松风会社收获了大量订单，并借此起死回生。

即便到了晚年，稻盛和夫仍然保持着每日自省的习惯，依旧严格要求自己。稻盛和夫就是依靠顽强拼搏的精神和每日的自省，逐步走向成功，成为全球知名的“经营之神”。

全球知名的投资机构桥水基金公司创始人瑞·达利欧在《原则》一书中提到一个公式：痛苦+反思=进步。一个真正成熟的人，面对痛苦时，会及时调整心态，反省自己的行为，不断吸取教训，纠正错误，这样才能进步。学会改变，会遇到更好的自己。

我的一位学员楚楚，在一家新媒体公司工作，一直得不到重用，她和我吐槽说：“永远拿着最低的薪水，做的是打杂的活，真想不干了。”我问她：“那你今后打算做什么？”楚楚说她还是喜欢新媒体，打算重新找一家公司入职。我问她：“那你对现在这家公司的业务流程都弄清楚了吗？对于做新媒体的窍门，你搞清楚了吗？”楚楚一脸尴尬地回答道：“没有。”

于是，我劝她先冷静下来，认真地对待工作，等把公司的所有业务都熟悉后再跳槽，这样自己收获更大。楚楚听从了我的建议，一改往日的懒散拖沓，开始拼尽全力工作。

半年后，我又见到楚楚，便问她：“你现在应该都学会了吧，准备什么时候跳槽啊？”楚楚笑着和我说：“这几个月，老板对我委以重任，给我升职加薪，公司里的人也都很尊重我。我觉得我可以一直做下去。”其实，楚楚变得优秀不是因为周遭变了，而是因为她自己变好了，一切才能渐入佳境。

生活中遇到不顺的事情时，一味抱怨推卸责任，只会陷入消极被动的怪圈；而懂得反省，从自身出发找问题，学会积极改变自己，才能有所进步。一个人，学会向内思考，才能向外生长。如何实现向外生长呢？

向外生长，无事多读书，给自己增值。

在当今快节奏的生活中，人们容易焦躁、迷茫，很多人选择看短视频、电视剧麻醉自己。读书，是提高认知和拓展视野最好的办法，也是实现自我增值的最佳方法。

读书，可以跨越时间、空间、阶级，和优秀的人进行对话。每一次阅读，都是与作者思想的碰撞。我们可以站在巨人的视野俯瞰这个世界。

“腹有诗书气自华”，喜欢读书的人，往往更善于思考，思维缜密、逻辑严谨，言行举止也落落大方。面对世事变迁，他们能够处变不惊，更能顺应时代的变化。

读书能够改变命运。

1976年，张俊成出生在山西的一个小村庄。他小时候没穿过新衣服，鞋子也总是露着脚趾头，吃的永远是水煮青菜。因为家里穷，几个哥哥姐姐先后退学。为了减轻家里的负担，初中毕业后，他留在家里务农。

18岁那年，北京一家保安公司招人，张俊成报了名，坐上了去北京的大巴。入职前，需要进行近一个月的训练，由训练成绩决定分配去向。他勤学苦练，拿下军事技能、业务知识等多项考核第一名，最终被分到北京大学保安部。

在北大西门岗，因业务突出，他很快被提拔为班长。真正让他励志考学的，是因为一次“暴击”。一次，几个没有证件的外国年轻人想进北大校园，张俊成比画着手势进行劝阻，几番沟通不下，对方对他做了一个侮辱的动作。

当时，他非常受刺激，第二天，就买了两本英语书，开始自学英语。为了争取更多的时间学习，他主动申请上夜班，每天只睡三四个小时，除了站岗，其余时间几乎都在看书刷题，常常连吃饭都顾不上，半年，瘦了15斤。

他的努力感动了北大教授，破例给他旁听英语课的机会。功夫不负有心人，他终于考上了北大法律系专科。在随后的3年时间里，他所学习的13门课程全部以高分通过，成功拿到北大自考专科毕业证。

在他的带动下，有十余名北大保安相继加入读书考学的队伍。

23岁那年，他带着一纸北大毕业证和三大袋沉甸甸的书，回到家乡，顺利入职一家中职学校做行政工作。没过多久，他通过试讲，正式成为一名任课教师。

41岁那年，他创办了长治市科技中等职业学校，担任校长。

从一二百名学生起步，如今，他创办的学校，已经成为当地规模数一数二的中职学校，培养了数千名人才和大学生。

他说："北大给我播下了一颗种子，我要把这颗种子带给更多的人。"

从保安到校长，这一路的磨难，张俊成都咬牙挺了过来，因为他相信：读书可以改变自己和孩子们的命运。

向外生长，坚持做自己喜欢的事。

村上春树说过："你要学会坚持做自己喜欢的事。"

因为喜欢，所以热爱；

因为热爱，所以坚持；

因为坚持，所以收获；

一切都源于一个词：喜欢。

因为喜欢，有些人坚持写作，成为了作家；

因为喜欢，有些人坚持跑步，成为了马拉松健将；

因为喜欢，有些人坚持做菜，成为了美食家。

一个人活着，就要去做自己喜欢的事情，并且，喜欢可以让他坚持做一件事，即便这件事在外人看来乏味无趣，他都会一遍遍地重复，无怨无悔。

长期坚持做自己喜欢的事情。首先要清楚，什么是"假喜欢"，什么是"真热爱"。

假喜欢就是你本身并非喜欢这件事情，只是通过这件事情，可以收获你想得到的东西，比如财富、权力、成就感等。这些结果让你拥有了外在的驱动力，驱使你周而复始地做下去，你是因为拿到结果而感到快乐，而并非是因为做这件事情的过程让你快乐，这叫假喜欢。

真热爱是你真正喜欢做这件事，享受这件事情的过程，过程本身就可以给你带来源源不断的快乐，即使未必有结果，你也会毫无怨言，坚持下去，这是一种内驱力。

很多中年男性朋友喜欢钓鱼，为了钓鱼不惜跑到郊外水边，废寝忘食，熬夜垂钓，他们真的是为了收获几条鱼吗？不是，他们是为了享受钓鱼的过程，这种就是真热爱。

假喜欢的事情，很难坚持，因为如果结果难以接受时，你会动摇。真热爱，会让你坚持下去，因为你不在乎结果，喜欢的是过程，所以选择真喜欢的事情，最终容易走向成功。

做自己喜欢的事情，这本身并没有错。可生活中的大多数人并没有了解自己真正喜欢的是什么。就算知道自己喜欢的是什么，也没有坚持下去的勇气。

想想我们身边有没有这样的情况？

很多刚毕业初入社会的年轻人，新鲜感让他们满怀热情，磨拳擦掌地准备大干一番，结果三个月，发现理想很丰满、现实很骨感，热情开始消退，每天各种零碎的事情和无休止的加班让他们无比地厌烦。曾经嘴上的热爱早已经抛在脑后，内心怒吼着想要逃离，陷入迷惘却又无能为力，每天只能浑浑噩噩地上班，期待周末快点到来。

当初不是他们自己选择的喜欢的行业吗，为什么会这样？其实，很多时候，所谓的喜欢只是一种“错觉”。

对某一个行业的“喜欢”，可能源于被电视剧里某个桥段所感动，或者听亲戚朋友介绍，抑或被高大时尚的办公室装修，光彩照人的职业形象所吸引。

但是他并没有真正深入到这个行业，没有真正去了解它的全部情况。你所“喜欢的”，也许只是它展露在外那1%的光鲜。但是，你不知道，在光鲜外表下的99%是冰山，是普通、平凡、无聊、繁琐、杂乱无章、绩效压力、加班加点、同事间勾心斗角、职场霸凌……

想要更好地向外生长，更好地过好人生，我们有两个选择：一是做自己喜欢的事；二是让自己喜欢上正在做的事情。

稻盛和夫曾经说过：“一个人能够碰上自己喜欢的工作的概率恐怕不足万分之一。”如果遇到自己喜欢的事情，那是幸运而美好的。但是更多的时候，我们遇到的都不是自己喜欢的事情。

这个时候，我们需要尝试喜欢上自己在做的事，同样于其中投入热情，并坚持下去，你会发现，最初的那一点儿喜欢，在你坚持下去之后，会慢慢变成很多的喜欢。因为坚持，可以带给你更多的成就感和满足感。这种正向的反馈会促进更多的喜欢。

所以，我们要做的就是坚持自己喜欢的事情。

向外生长，不纠缠烂事。

人生在世，总会遇到一些烂事，一些烂人。不是所有的鱼，都生活在同一片海洋。不是所有的人，都在同一个层次；不是所有的事，都是理所当然。

遇到烂事不纠结，遇到烂人不纠缠。这就是一种人生的态度。真正有大格局的人，真正有生活智慧的人，从来不把自己的时间，浪费在这些烂人烂事上。

一只骆驼行走在沙漠中，被一小块玻璃硌到了脚。骆驼很生气地将那块玻璃踢开，可被踢飞的玻璃回弹，不小心将它的腿划破了，顿时鲜血直流。

流出的鲜血滴在了沙漠中，血的味道引来了秃鹫和狼的注意，于是骆驼为了逃命狂奔，但慌乱中跑到了食人蚁巢穴附近，最后被一团黑黑的食人蚁吃掉。骆驼临死后悔了：不应该与一块小小的玻璃纠缠，最后让自己丢了性命。

世界上有些人内心阴暗，他们的生活过得一团糟，内心的抑郁无处排解，所以，他们就会选择到处扔“垃圾”。有一天，你不幸运地碰上了，一旦你与他纠缠，他就会把“垃圾”往你身上倒，他会故意招惹你，目的是为了发泄情绪，你成了他的“垃圾桶”。

生活中的这种“玻璃”很多，它们会轻而易举地挑起你的情绪，把你拖入污浊的泥淖里。

有人嘲讽你，你立即刻薄地回击他；

有人看低你，你马上加倍鄙视他；

有人忽视你，你从此疏远他。

到了最后，不仅耗费了大量的时间、精力，还将自己弄得满身戾气，心情烦躁。

我们要做的，不纠结烂事，不纠缠烂人。因为和烂人较劲，你永远是输家。

尼采说过："与恶龙缠斗过久，自己也将变成恶龙。凝视深渊太久，深渊也将凝视你。"

心理学上，有个著名的"费斯汀格法则"——生活中10%的事件，是由发生在你身上的事情组成，而另外的90%则是你对事情如何反应决定的。

很多事情原本都是可以避免的，但你越是纠缠，它就会越来越破，越来越糟。

我们无法改变烂人的存在，无法改变烂事的发展。我们能改变的，只有自己的心态。

格局越大的人，越不会和烂人烂事、小人小事纠缠。

他们不因旁人的看法患得患失，不因现实的流言蜚语百般纠结。不纠缠，看似是放过了别人，实则是放过了自己。

人生有太多的事情，值得我们去铭记；人生有太多的事情，值得我们去感恩；人生有太多的事情，值得我们去定格，何必花费精力和时间，纠缠于烂人烂事。

大千世界，令我们越来越容易感到迷茫疲惫。在职场和家里忙得崩溃大哭的妈妈，下了班坐在车里不想回家的男人……

想想什么时候，朋友之间的话题，变成了满嘴负能量的吐槽。暴躁、焦虑、抱怨、愤怒、失望、放弃、崩溃等负面情绪充斥着我们的世界。

我们缺少一种力量——正念。所谓正念，就是一种内心的正能量。正念像阳光，能够照亮我们内心所有角落，驱散阴霾，击溃负面情绪，让我们重拾勇气，充满力量，朝着正途继续前进。

人内心的一念之差，往往会决定往后的路。正念引导人走正路，邪念引导人走邪路。

"一正压百邪"，正念可以压制打败邪念。当人心怀正念，无论遇见怎样的困难，都会选择积极正面地解决。

北野禅师是日本京都永平寺的方丈，年轻时喜好四方云游。二十岁那年，他在途中遇到一位嗜烟的行人，两人结伴爬过一条山路之后，来到一棵树下休息。

那位行人递给北野一袋烟，因为北野抽过烟后称赞烟味甚佳，那人便送他一根烟管和一些烟草。

那人走后，北野内省自察："这种令人舒服的东西，我若沉湎其中，也许会侵扰我的修行，我应立即停止它，以免积恶成习。"于是，他抛掉了烟草和烟具。

三年后，北野开始对《易经》产生兴趣，并花费了大量的时间和精力进行研究。一日，北野又起警惕之心："我如此沉湎于玄学，偏离了自己的正道，一定会耽误我的课程。"于是，他又丢弃了易经。

到了二十八岁那年，北野爱上了书法和汉诗，每日钻研，乐此不疲，日有进境，并获得人们的赏识和推崇。

当他听到老师频频称赞时，他又清醒地意识到："如果我不及时停止，我也许只能成为一名书法家或诗人而非禅师了，这并非我的本愿。"

从此他不再舞文弄墨，并且放弃了一切与禅无关的东西，一心参悟，终于成为一位禅门大师。

北野禅师几次"一念之间"的转变，不断纠正自己的路线，从吸烟、《易经》、书法、汉诗，最后回到自己的本愿——成为一位禅师。

正念的力量是巨大的，它就像人生路上的导航仪。只要心存正念，就不怕人生旅途多么曲折和迷茫。

若当初的北野禅师心里没有正念，就很容易被邪念欲望带偏，很可能早就沦为一个整日沉溺于烟瘾的浪荡子，在世间胡混时光。

我们内心需要正念。生活工作中，难免遭遇挫折打击，重要的不是挫折打击本身如何，而是如何去应对。如何应对，取决于内心所存是正念还是邪念。若内心被邪念侵占，便很容易陷入负能量的深渊，久久无法自拔。

嚣张跋扈的人眼里通常装不下别人，内心只有自私自利的想法。不懂得感恩，不会帮助别人，内在也不会有积极阳光的力量。

在他陷入某种危险境地时，很可能没人愿意伸出援手。就算偶尔有人愿意帮助他们，他们内心又会狐疑不定，猜忌别人投来的善意。

这种内心缺乏正念滋养的人，在现实生活中，更容易遇见不顺遂。因为他们的注意力太容易只关注在自身利益上，不能与人融洽相处，遇事更容易孤立无援。在没有旁人点拨和帮助的情况下，也更容易陷入迷茫极端的负面情绪里。

相反，那些毫不吝啬给予的人，内心的温暖可以温暖他人，也会收到别人温暖的回馈。“送人玫瑰手有余香”，温暖是相互流动的，正的能量也是相互感染的。

一个心怀正念的人，也同样会经历高峰与低谷，平静与起伏。只不过正念存于内心，并成为他确立人生目标的基础。

没有正念保驾护航，人生目标就像水中月，镜中花，感觉模糊不清，无法显现。

人类的顶级智慧，就在于将有限的时间和生命花在有用的事情和值得的人身上。

人生在世，就一辈子，屈指算来3万多天，转眼就过去。我们不要将自己困在执念和过去的伤害中。其实人生除了生死，其余的都只是擦伤罢了。

往后余生，踏踏实实地努力，向内归因，向外生长，人生一定会灿烂地绽放。

你所认为的世界，只是你心灵的镜子。

为什么同一事物，有人喜，有人厌，有人视如生命，有人却弃若破鞋，可见外相本无自性，所有好恶皆是心之好恶。腐肉为人所恶，狗却啖之香美。蝇喜粪便，鸟喜蛆虫。世有嗜痂之徒，亦不乏逐臭之辈。如世间名利，有人视为毒鸩，躲之不及；有人却趋之若鹜。

明白这一点，你也就明白了烦恼产生的原理。不过，道理上明白烦恼是如何产生的，然后单纯暗示自己，要求自己不要执着于念头，不要钻牛角尖，其实作用不大。为什么呢？因为念头总是比生命的本能更为易变，假如没有专注力，一遇外来刺激，你会不由自主跟着妄念，越走越远，陷入烦恼。所以，不要把妄念当成真实而永恒的存在，不怕念起，唯恐觉迟。当世上的诸多存在显现于你的心中时，你的真心要永远灵敏明朗，不要昏昧糊涂。在面对世界时，必须时刻保持宁静与清醒，注意观察念头，不要让纷繁的变化把你的心牵走，不要放纵自己沉浸在某种情绪之中，更不要昏沉麻木。

要知道，你所感知的世界，仅仅是你心灵的镜像，你从中映照出的，其实是自己的内心，而非世界本身的模样。在智者的眼中，一粒沙子足以映射一个世界；在至真之人的视野里，万事万物皆展现着真如的奥秘与美妙；至美之人看来，世界是美的盛宴，每一粒砂石都犹如山花般绚烂；而至善之人所见的，则是世间无处不洋溢的大善。能在生命的每一个瞬间都维持内心的宁静与清澈，对周遭的一切洞若观火，却又不被执着、概念、过往经验、欲望和偏见所束缚，更不会沉溺其中无法自拔。凭借这份清醒的觉知去行事，这便是觉醒、明了与觉悟的真谛。唯有在当下觉醒，于当下明了，在当下觉悟，方能彰显真心的妙用。心若改变，世界亦随之而变。

第 14 章

成为光，用光创造奇迹

站在曙光之下真心地许愿望，我和昨天的我不一样，黑夜过去地平线上我就是那道光，温暖自己也给人力量。

——歌曲《光》

以爱疗愈，致力于个人、企业及心灵的全面成长，引领人们走出事业、情感、亲子关系的困惑与苦恼，获得圆满、智慧、幸福的人生；构建和谐的个人关系、家庭氛围和组织环境，最终为建设和谐社会贡献心力。

心，创化一切，正如你所愿。

爱，创造一切生命奇迹。

唤醒一颗灵魂，昌盛一个家族，和谐一方民众，为实现人类命运共同体做出贡献。

人民有信仰，民族有希望，国家有力量！

一个真正的信仰者，他的信念感超越高山，他的心胸包容虚空；他的生命像花朵，他的活力像蛟龙；他的爱犹如清泉，他的情犹如春风……还有他心灵世界中那无法言喻的美丽、辽阔与繁荣……

我愿意引领每一位读者，福慧双增，厚德载物！

物理学中有一个原理，**能量守恒原理，**它的内容是：

一切事物皆由能量组成，不会凭空出现，也不会凭空消失，只能从一种形式转化成另一种形式。

我们来看两个很有意思的中国文字：**德和得**。这两个字音是一样的，在古代直接可以用德代替得。它们分别代表什么意思呢？

德和得分别代表了内在和外在，它也代表了同一种东西的两个状态：能量和质量。

我们通过爱因斯坦的质能方程：$E=mc^2$（能量E=质量m×光速c的平方），可以得知：

光速的平方是一个固定值，所以物质的质量和能量正相关。**能量是内在，是我们看不见的；物体的质量是外在，是我们看得见摸得着的。但这两个状态，是可以相互转化的。**

中国老祖宗太有智慧了，他们早就认识到，内在和外在其实是一个整体。

财富是什么呢？财富就是外在，就是“得”。而我们内在的能量、福气，就是“德”。

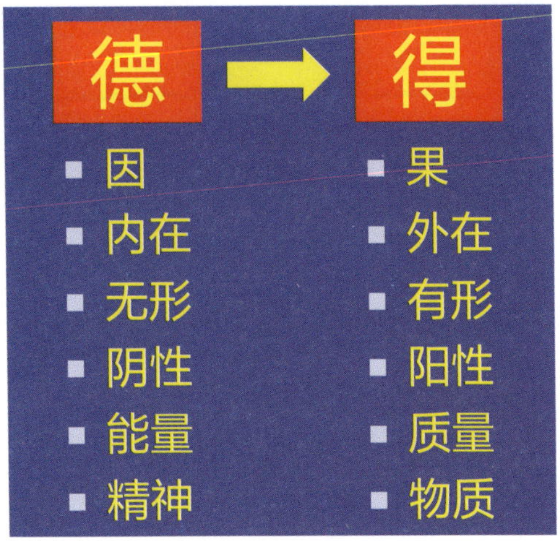

"德与得"

所以当内在大于外在时，能量就会转化为物质，于是财富会自动存在；当外在大于内在，也就是能量不够的时候，物质会自动消失，对应到生活当中就是出现健康、财富等外在的损失甚至灾难。

由此就能更好地理解我们常说的"厚德载物"是什么意思了。物质就是钱、地位、房子、子孙、家庭、名利。这些从哪里来？中国的老祖宗告诉我们这些从德里来，所以我根据能量守恒定律总结出了：**厚德=后得。**

厚德厚物，薄德薄物，缺德缺物，无德无物。因为能量和质量永远要追求一种平衡。

心在哪里，命就在哪里。

我们的人生就像一台电脑显示屏，我们生命中所呈现的一切，家庭幸福，身体健康，子孙成才等，这个叫成像，都需要一个最根本的东西推动，就是电脑的资料库。向内归因，就是从电脑资料库清理病毒，显示屏才会有美好的东西呈现。心就像电脑资料库，我们经常给资料库杀毒，怎么杀毒？忏悔。

我们的每个行为和想法都会成为心灵的种子。做过的好事会在生活中开花结果；而做过的错事则需要通过忏悔来清除其负面影响。忏悔不仅是对他人的道歉与补偿，更是对自己内心的净化与提升。

如何有效地忏悔呢？找一个安静的地方坐下来，闭上眼睛，用你最真诚、最有力量的方式去表达你的悔意。回忆你曾经亏欠或伤害过的人，用心去感受他们的痛苦与不满，并真诚地向他们道歉。如果条件允许的话，还可以给他们打电话或发短信来表达你的歉意与感激。

生命中的种种问题与挑战都是成长的契机。它们提醒我们需要改变、需要成长。疾病也是如此——虽然它带来的痛苦让我们难以承受，但它却以这种特殊的方式让我们对生命产生更大的渴望与敬畏。因此，我们应该感谢疾病的存在——因为它让我们更加珍惜生命、更加努力地追求成长与进步。

当我们拥有足够的智慧时，就能看透生命的真相与本质。我们会明白：权利、金钱、地位与名声都是用来利益他人、帮助他人的工具与平台。事业是渡人的桥梁；金钱是助人的媒介。只有当我们真正理解了这些道理时，才能活出真正的自我、实现真正的价值。

让我们都成为光吧！用我们的爱与智慧去照亮他人的道路、去创造更多的奇迹！

第 15 章

感悟生命蓝图，重构生命秩序

人生天地之间，若白驹过隙，忽然而已。

——庄子

生命是一个大组合，一个人生活在世界上需要衣、食、住、行，还需要听、看、闻、触，还要音乐、旅游，要汲取圣贤智慧的光芒，所以人需要用眼、耳、鼻、舌、身、意获得太多的感悟，才活得快乐。如果人生少了这些，生命必定是不完整的。所以生命是个大组合，我们要学会珍惜并且感恩所有用于组合生命的元素。

如何让我们的生命组合得更丰富呢？有两种方法。

第一种方法是通过自我修炼提升领悟能力。这不仅仅是对知识的积累，更是对生命的深刻理解和感悟。我们需要学会倾听内心的声音，了解自己的需求和愿望，从而找到属于自己的生命之路。同时，我们还要培养自己的定力和智慧，以应对生活中的各种挑战和困难。

第二种方法是从外在得到启发。这包括亲近善知识，向优秀的老师学习。今天谁不爱学习，不愿意请教，谁就会被世界淘汰，被人类淘汰。他也活在这个世界上，只不过是活在这个世界的最末端。我对学习的感受很深，现在我的很多想法也不是自己生发出来的，是我的经历、见闻、知识、经验、思维模式碰触出来的。

生命是个大组合，广泛组合一些东西，我们的生命就会更丰富，人生就会更精彩，甚至可以通过我们的生命去影响更多人的生命。如果我没有这么多年的积累，没有这么多案例，没有读懂这么多人的苦难，我就不可能组合了这么多东西，也就没有今天的我。蜡烛能够照明，也需要火柴点燃，我愿意做点燃光明的火柴，点亮生命，照亮更多人的前程。

每个人的生命剧本，只属于自己。它不是父母的续集，不是子女的前传，也不是朋友的番外篇。只有自己才能主宰剧情的发展，只有自己才能找到最合适的剧情，也只有自己才能演出这个剧本的美丽。

当散落的树影斑驳了渺远的回忆，当淡淡的雾气氤氲了无边的未来，不妨停下来，想一想：此刻，你是否愿意写下属于自己的人生剧本？

喜欢读《红楼梦》的人都对宝玉梦游太虚那段记忆犹新，因为那里藏着他们每个人的《人生剧本》：金陵十二钗的命运判词，可惜懵懵懂懂的宝玉弄不清楚。

无论你多么有钱，无论你社会地位多高，如果你过得不幸福，一切似乎都是白搭。我经常遇到这样的咨询者：

> 我修行多年，为什么并不快乐？
>
> 我对人很好，为什么总是遇人不淑？
>
> 我为什么恋爱总是失败，总遇渣男？
>
> 我活得很累，想要远离红尘。
>
> 哪里有快乐宁静？我心怎安？
>
> 我努力做父母心目中的好孩子，老师眼里的好学生，老板期待的优秀员工，唯一没有真正地做过自己。我活得遍体鳞伤，苦不堪言。

真的有人生剧本吗？我要如何修改才能过得幸福快乐？

人的思想分为意识，潜意识，超意识。意识结构的第一层次，即表象意识层次，主要由眼识、耳识、鼻识、舌识、身识构成，我们通常称之为前五识。这前五识分别通过眼睛、耳朵、鼻子、舌头和身体来感知外界的色彩、声音、气味、味道和触感，形成各种知觉。这些感官功能与外部环境的信息相互作用，进而产生感性思维的功能，使我们的意识能够感知并描绘出外部世界的形象。

前五识所接收到的信息会经过层层传递，最终储存在我们的深层意识，也就是藏识之中。这些信息如同心灵密码的种子，被遗传下来，成为我们生死流转、轮回不息的主题，它们超越了肉体的生死界限，承载着我们的生命记忆。

在表象意识之下，还潜藏着一股更为深邃、神秘的力量，我们称之为潜意识。有些学者，如《脑内革命》一书的作者春山茂雄，将其形象地称为“祖先脑”。潜意识中储存着我们每个人从祖先那里继承下来的记忆，以及我们自身在成长过程中所形成的各种经验、情感和冲动。

如果以百分比来计算人的表象意识和潜意识的话，那么表象意识大约只占5%，而潜意识则占据了剩下的95%。潜意识深藏于我们的意识之下，包含了大量尚未被我们当前意识所触及的记忆、情感、冲动和模式化的行为倾向。尽管它不直接参与我们的日常决策，但它却深刻地影响着我们的行为模式、情绪反应和思维习惯。

在特定的状态下，如催眠状态，我们可能更容易访问潜意识中的深层记忆和情感体验。爱因斯坦曾说过："直觉是上帝的礼物，而理性思考是忠实的仆人。"在这里，爱因斯坦所说的直觉，实际上可以理解为潜意识在某种程度上的显现或作用。它超越了理性思考的局限，为我们提供了更为直接、深刻的认知方式。

我们童年时期建立的所有行为模式或者受过的伤害，作为潜意识至今依然存在我们内心之中，它们不时浮现并影响你现在的生活。幼年时期所受的一些创伤、负面能量一直聚集在体内不能释放，很多人成为情绪的储藏室。携带巨大的恐惧和伤害的负面能量，这些童年的往事可能早已被表意识忘记。它藏身于潜意识某个角落，看起来毫不相干，所以我们毫不知情，但它却时时影响着我们的行为，这就是我们生活复杂沉重的隐秘原因。

因此我们可以这样来理解，当一个外在的事情发生时，我们的第一反应就是通过主观意识的作用，根据所学的所有知识和经验加以判断，它是好的，还是不好的，自己喜欢或者是不喜欢。主观意识判断的同时会将信息传递给潜意识，让它来判断。

如果两者的判断一致，我们就会马上做出行动。如果两者判断结果不一致，就要看主观意识和潜意识的作用哪个更大了，主观意识作用大于潜意识，就会让人感觉很"理性"，因为信息是真实的，具体的。如果潜意识作用大于主观意识，我们做事就会"凭着感觉走"了，因为潜意识里的信息是模糊的，说不清楚的，但是它的力量很大，所以，你必须按照它的判断来做出决定。而如果双方力量相当，就会出现犹豫不决、举棋不定的情况。

还有另外一种情况，就是我们并没有遇到一件具体的事情，但是深藏在潜意识中的某个种子因缘成熟了，这时它的力量就会变得很强大，完全胜过主观意识的判断，我们会"下意识地""不自觉地"做出某些行为，这些行为可能连自己都控制不了。

拿潜意识和主观意识相比较，因为其数据库信息要强大得多，所以，往往通过它的判断，我们能做出更加准确的决定，这就是为什么有的时候我们凭感觉走，虽然自己不明白为什么要这样做，但往往是正确的。

不过这也得分情况来看，比如当下的高新科技，在我们之前的数据库信息中是完全没有记录的，只能依靠主观意识的判断。因此，我们生活中的大多数事情，其实还是由主观意识来决定。所谓的潜意识的作用，主要在人的习气、性格，最基本的做人做事的原则等方面表现更加明显。

例如当你在做一件不好的事情时，心里总会有一个声音告诉你“这样做是不对的”。它在反复地提醒你，不要这样做，这样做结果很不好，这就是埋藏在潜意识中的良知。这个良知每个人都有。因此，我们在做具体的事情时，一定不能冲动，要让自己冷静下来，仔细地听听潜意识的声音。

我们这一生会遇到很多人，有贵人，有小人。每个人的出现都是最好的安排，也必然要教会我们什么。善良的人带给我们温暖，小人带给我们的看似是伤害，其实是成就。今生伤害你的人，是来成就你的！

我们看他人善良，是因为我们心中有善念；我们看他人邪恶，是我们自己念头不正。那些所谓的伤害，对于弱者来说就只是伤害，而对于强者来说，苦难是垫脚石，磨炼人的心性，使人懂得忍辱，更加强大。

人在顺境中是无法有大成就的，那些伤害我们的人是来成就我们的。我们能改变的只有自己，我们的心态摆正了，才能迎接来自这个世界的美好。

人生就是一个不断了缘的过程，缘深缘浅、缘聚缘散。缘分深的，彼此陪伴的时间就会久一些；缘分浅的，还完了也就散了。就像父母与子女之间的缘分一样，子女来到父母身边，或是来要债的，或是来报恩的；夫妻之间的缘分，或是善缘或是恶缘，要么和和美美，要么打打闹闹。缘分由自己决定，自己感召。善缘最好，纵使伤害也是在还债。总有一些人的出现，会给我们上一课，然后转身离开。你会感恩伤害你的人吗？相信很多人会说：当然不会，伤害就是伤害。如果我们不能从伤害中觉醒、强大，那么你的嗔怒和还击，只会让彼此的恶缘、裂缝更深，让自己陷入更大的痛苦和无助当中。但若你从中磨炼了自己顽强坚忍的心性，让自己更加优秀、有智慧，这才是他带给你的利益。心怀怨恨，只会增加自身的负面能量，接纳而后强大自己，才是最重要的。

所以，

感谢打击你的人，因为他锻炼了你的意志。

感谢中伤你的人，因为他教会了你顽强。

感谢轻视你的人，因为他激发了你的斗志。

感谢批评你的人，因为他教会了你豁达。

感谢辱骂你的人，因为他提升了你的定力。

感谢挖苦你的人，因为他教会了你淡定。

感谢伤害你的人，因为他磨练了你的心境。

附 录

1 沐晨老师心理疗愈案例

客户背景

小波，一个刚大学毕业的小伙子，从小深受原生家庭的影响。父亲性格暴躁，而母亲则显得有些淡漠，这样的家庭环境导致他长大后，变得敏感、不自信，伴有轻微的幻听和躁郁症。小波渴望减小原生家庭对他的影响，经济上能够独立，然而面对外部世界时，他又充满了恐惧与迷茫，不知所措。小波的母亲见状，找到沐晨老师，希望能为小波提供专业的心理疗愈帮助。沐晨老师分别与小波、小波的母亲进行了深入的电话沟通，以进行心理疏导与疗愈。

沐晨老师与小波的第一次电话疗愈（删减版）

小波： 老师，您好。

老师： 小波，你好。最近的感觉怎样？

小波： 我之前也想给您发信息，有时候心里那个劲儿上来，我就控制不住。我脑子里总听到有人在吵架，有人在骂人。我走在路上，听到别人在骂人或者大声说话，心里就很烦，火气就会一下子冲上来，觉得这些人是在背后说我，谈论我家的事情，这个时候我恨不得冲上去踹他们。

我特别讨厌那种说话难听，动不动就骂别人的人。我这两天想了一下，这和我爸有很大关系，因为我在北京上学时，我爸在我身边经常打电话骂人，骂得非常难听，脾气也特别暴躁。

记得有一次，他开车停在十字路口等红灯，一个发广告的小伙子走过来，他大叫着不让小伙子往车上插广告，但是那个小伙子绕了一圈，还是把广告插在了副驾驶这边窗户上。我爸见状，打开车门，拿上随车的小灭火器就去追小伙子，一直追了大概有100多米。他抓住小伙子，拿着灭火器就往对方头上砸了三四下。

有时候，等红绿灯时，如果前面的车起步慢了，他就会猛按喇叭，甚至跳下车，去拍别人的车窗，骂人家怎么开车的，骂过瘾才走。

我在他身边时刻都很紧张，觉得我爸确实没有素质。只要他心里感觉不舒服，就会破口大骂，或者上去就打。

高中时，我离开他，也离开了北京。就是从那个时候开始，我心里有了落差，一是我老家的教育资源和北京优质的教育资源根本没法比，二是我老家这边人文环境、人的素质修养和北京也形成强烈对比。我仿佛从高楼大厦一下子坠入到了谷底深渊。

我当时觉得老家的生活简直生不如死，我硬是坚持了三年，坚持到高考结束。

我那时和我妈说，不行让我去体校吧，在体校里不用和别人交流，每天就是训练，训练结束就上文化课。只要练出成绩，我不在乎和别人交不交流。

我妈不同意，她说不管怎么样，一定要读高中考上本科，让我先去参加高考，考没考上是另外一回事。她说等以后我就知道了，她说的一定是对的。

于是，我就硬着头皮坐在高中的课堂里上课。我后来实在熬不住了，就和我妈说，我爸不是现在有钱吗？你让我爸在北京给我报个补习班，我要去北京上课，我在这里根本学不下去。后来，我如愿又回到了北京，在补习班上课，跟我爸住在一起。那时，班上其他同学都在学校上课，就我一个人跑去补习班上课。

那时候，我爸的司机跟我说，北京这边的学生到了高三，学校里基本上没什么学生，大家都跑去外面补课了。我当时可能受了这话的影响，就拧着让我爸一直给我报补习班。那个补习班还挺贵，即使一天只补两三节课，半年下来也是不少钱。我当时就想，反正你们也有钱，我无所谓，你们看着办。

老师：嗯。

小波：其实从高中那会儿，我就想和他们对抗，但是我又说不出来。我不清楚哪里不对，就是感觉特别的不舒服。

老师：嗯。

小波：那时候，身边人指责我，让我不舒服的时候，我只能忍着。后来，我发现身边这样的人越来越多，他们浑身上下充满小市民的习气，喜欢对你品头论足，喜欢拿你和别人比较，说话做事都龌龌龊龊。我感觉高中那几年都是无法忍受的。

后来，我上了大学以后，感觉稍微好了一些。大家都住在一个宿舍，相对比较客气和礼貌，能忍让就忍让一些。大三时我换到别的宿舍，遇到了一帮流氓同学，把我整得有些神经衰弱。

我和那帮人根本没法交流，我说我不抽烟，他们不管我抽不抽，天天坐在床上抽烟玩游戏，还大喊大叫，也不管我休不休息。

老师：嗯。人家就不把你当回事。

小波：尤其是冬天，他们不开窗，天天抽烟，整个寝室乌烟瘴气。早上醒来的时候，我有时候肺都不舒服。

老师： 嗯。

小波： 后来我实在受不了，就在外面租房子住。租房子的时候，室友没有素质，关门叮叮咣咣的。那个时候，我就开始神经衰弱了，对声音特别的敏感。

虽然那个时候，我爸没在我身边，但是我感觉他的处事方式已经在我的身上潜移默化了。一旦遇到不顺心的事情，我上去就是一顿暴打，或者一顿爆骂。后来我也觉得自己脾气不好，想要改变，发现根本改不了。

虽然我知道人家关门比较大声有时候是无心的，但是脾气上来根本压不住，第一反应就是他一定是故意的，第二反应就是生气发火，第三反应就是破口大骂，甚至有时候拿东西去砸人家的门。

从高中开始，我就一直觉得有人在盯着我，在背后看着我，在背后骂我。那会可能是幻听，后来到了大学就特别严重，总是能听到一些声音。我感觉我现在的状态，有点儿像强烈的反社会型人格。

小时候，父母对我也不关心，我问他们要什么东西，他们就会说，没看到我在忙吗？小孩子怎么一点儿都不懂事呢？不仅我要的东西得不到，反过来还要挨一顿骂，后来我就干脆啥也不要了。长大后，父母问我，你到底想要什么？我心里想，我要什么，你们能给我吗？

老师： 嗯，当年，你在车里，看见你爸对那个发小广告的小伙子的种种行为，你当时是什么感觉？你是害怕，还是担心？

小波： 我当时并不担心，我也不在乎。打坏了人进公安局是他的事情，跟我没关系。实在不行，我不上学，在家待着，我都无所谓。

老师： 嗯，那你现在再回望这一段，是什么感觉？

小波： 他的这些行为，我当时觉得不可理喻，他为什么老是火气这么大？我现在就特别能理解，其实他那样的行为，也是因为他在成长环境里形成了这种反社会性格。正是因为这个原因，所以，他感觉总是有人针对他，不然不会有这种行为模式。

老师： 嗯。

小波： 但是我不可能因为我理解他，就能原谅他。我也不可能原谅他，因为他给我一种不正确的处理问题的方法。我现在回想，他有时候无缘无故骂我，确实有些神经病，比我还严重。

但是，他的情况还与我不一样。不像我，遇到什么问题后，既责怪自己，也责怪别人。但是他从来都觉得是别人的错，既不责怪自己，也不允许别人指责他，无论是亲戚朋友还是陌生人。

除非是警察，可能是因为他年轻时打群架被警察拘留过，所以他对警察还是有一些畏惧。

其他人，只要招惹他，他就不会放过，哪怕别人是不小心的，他也觉得是别人在故意找茬儿。

老师：嗯，你比你爸好的一点是你有深度的觉知力。你爸没有，他始终处在情绪之中。你会自责，代表你能跳出这个情绪。

当我们抱怨别人的时候，就是向外归因。我们应该更多向内归因。当我们不抱怨的时候，才能清楚地知道我们该干什么。

比如当你听到邻居发出很大的争吵声时，那个时候你的情绪起来了，你自己能不能察觉到你已经处于情绪中。你想忍，但是忍不了，你越想压制它，越不想记起它，它就越在你的脑海中呈现。

假如哪天晚上，你想带着刀去解决这个问题。这个时候，你能不能考虑因此产生的后果？也就是虽然你控制不住你的行为，但是你能不能考虑后果。

小波：我考虑不了。我感觉这些人就是一群混蛋，他们从小就形成这种性格，在我的眼中他们就是一群社会的垃圾，一文不值，捅死也无所谓。

老师：你的想法，如果再严重一点儿，有可能发生冲突或产生悲剧，对吧？

小波：在那种状态下，我感觉有时候真的控制不住。我小时候总喜欢理解别人，替别人着想。后来，我发现替别人着想，最后总是我自己受气，所以我就不想替别人着想了。

老师：嗯，那假如这种后果产生了，比如你把人伤了或者发生其他更严重的情况，你会后悔当初你的决定吗？

小波：我不会想这些，我觉得想这些没有任何意义，我就是不想听见这些人的声音，不想看见这些人。

老师：嗯。

小波：我不确定是谁在针对我，甚至从高中那时起，我就开始怀疑有些人在针对我。针对我的这些人组成了小团体，他们谁看见我，就会相互通知，所以，我感觉到哪里，都有人在监视我。

所以，我现在也分不清楚，这个团体都有谁。只要我看谁盯着我的眼神不对，我就想上去打他。

老师：嗯，小波，你现在还处在幻听和幻视的状态里？

小波：没有幻视，只有幻听。我从小就不敢直视别人的眼睛。我妈特别讨厌，明明知道我小时候不爱说话，她非要我见了谁都打招呼，然后和我说："叔叔阿姨问你话呢，你为什么不说呢？"我当时感觉特别的难受。

老师：嗯。

小波：到现在也一样，她经常让我和别人交流。她一说，我就特别烦。

老师：嗯。那你看，咱们现在把情况捋一下。既然你觉得自己没有幻视，咱们先说说幻听。

当你知道你在幻听时，你就会知道，也许你听到的那个声音，不是你所有问题的根源。它只是我们放大了幻听的一个元素，没有这个声音，我们内心也会产生其他的声音。

小波：是的，我总觉得邻居家好像在偷听我家一样，只要我家的灯一关，他们家就开始叮叮咣咣地发出声音，每天晚上都是这样。

老师：其实这就是我们幻听的一种现象，首先，邻居家跟我们无冤无仇，也不会安装个摄像头监控你什么时候关灯吧？另外，是不是这些声音在整栋楼都可以听见？

小波：我们家楼房隔音特别差，隔壁骂人的声音在我书房听得很清楚，我现在连书房都不愿意进了。我只要一进去就听到骂声。

老师：我特别能理解。这个声音你能听见，你妈妈也能听见，可能其他邻居也能听见。可是他们在楼上住了这么多年，你看他们也没觉得怎么样，是不是说明这个声音在他们看来是在完全可以接受的范围？可是在你这里，你会把它放大，这就是我们幻听所产生的推动作用。

小波：有时候我甚至想过，我妈当时为什么非要嫁到这个地方？她当时是怎么想的。她在天津当的兵，又在呼市待过，为什么不能等几年，回呼市或者天津这样的大城市，非要来到这个破地方。

老师：嗯，我知道你不理解，我们来理一理，你就能理解了。

你妈妈从小家教很严格，出了一些事情之后，她没有什么奢望，只想找一个有安全感的地方。

小波：我姥爷是当兵的，是个非常爷们的人。他对我姥姥特别好，但是他对外面的人特别严厉，甚至对子女的教育也特别严厉，但是姥爷对我妈特别好。

我妈可能是以为所有的男人都差不多，觉得我爸应该也像我姥爷一样，于是遇到我爸后就结婚了。后来他们一起去南方旅游，在路上，我爸暴躁的毛病就又显露出来了，看到不顺眼的地方就和别人干仗。我妈看到我爸是这样的人，就要和他离婚，可我爸不同意。

老师：你可以理解你妈妈，当时她刚刚经历了一段情感纠葛。然后，来到了你们的小县城，她到底遇到了什么问题，她没有和你讲。你可以找时间和她好好聊聊，走进她的内心。你可能会发现她在很多事情上总是后知后觉，甚至毫无知觉。

小波：嗯，就我爸这么暴的脾气，我妈咋能忍受到现在，要不是我和我爸发展到这个地步，她甚至都没办法和我爸离婚。

老师：你的感受非常对。

小波：我妈妈非常地懦弱，我在家里根本指望不上她，她没办法让我有安全感。我也指望不上我爸，他自己本身就有暴躁症。他只会为自己着想，自己觉得不舒服不安全的时候，就找人打架。

我把我的情况告诉他，他开始也有些脾气，后来也会开始替别人考虑。他说人家楼上也是正常生活，不可能要求人家一点儿声音都没有。

老师：嗯。小波，我们就针对幻听的这个事情举一个不是很恰当的例子，一个吸了很多年毒的人，毒品已经深入骨髓了，我们现在就是要把毒戒掉。

你是否想调整？如果你觉得自己调整不了，那做起来就很难。就拿幻听来说，如果你觉得我调整不了，我从高中就这样了，这个毛病已经长在我的身上了。如果你有这种想法，那就非常难调整。你很难真正地过上你想要的自由自在的独立生活。

但只要你想调整，有这个信念，你的内心足够强大，就一定能调整过来。我们调整过毒瘾三年以上的，调整你这个能量级别的神经衰弱没有问题。

小波：嗯。

老师：另外，你有很棒的觉知力，你对你妈妈的总结非常准确。我和她聊过之后，也是这样的感觉。你妈妈有些后知后觉，或者说是迟钝的，包括和你爸爸的结合。

但也有可能这种钝感力是一种生存力特别强的特质，她的这种特质也是来自她的原生家庭。当我们的原生家庭没有分享，没有对孩子的尊重时，我们接收到的都是单向信息的输出。孩子从小就会害怕、产生恐惧，当你妈妈积极的思考起不到作用时，她就慢慢产生了退化，反应也变得迟钝。

小波：是的。这几天我发现我发脾气对她没有任何影响。她还是那么迟钝，还是无所谓的态度，什么都不管，什么都不思考，和她说什么事情，转眼就忘。当我的脾气到达爆发顶点，大喊大叫起来，她就很容易受惊，血压升高，脑子也蒙了。我现在一定要尽量克制，如果我不克制的话，我怕她出事。

老师：嗯，她最近一段时间进步很大，尤其是跟我连接听课的这段时间，她的敏感度也提升了很多。

小波：在接触您之前，我感觉她每天就只能看到洗衣服、扫地、买菜、做饭这些小事。是的，生活离不开这些，但是脑子里不能只想着这些。

老师：嗯。

小波：所以，以前她一看见我发病，就只是告诉我：医生说了，让你在家待着，尽量不出门。然后她就去干自己的那些事，她从来没有尝试过走进我的内心，我感觉看不到未来任何一丁点希望。我根本指望不上她，我无法依靠她，我感觉永远都没有好日子。

老师：嗯。

小波：所以，那时候我特别地无助，特别地无奈。

老师：嗯。咱们把这个话题说完，待会再来研究你的问题。刚才你聊到你妈妈，她现在敏感力已经有了非常大的提升。当你情绪失控的时候，她不知所措，不知道怎么面对你，甚至有时候会出现深深的恐惧和担忧。比如那天晚上，你和邻居之间发生了争吵，她一晚上都没睡，很担心邻居突然找上门，担心你们再打起来。那天晚上，她每隔一段时间就给我发微信，我第二天早上起来，看到她留了很多言。可以看出那天晚上，她的脑子里一直重复着这些画面。

另外，通过我与她的沟通，她似乎慢慢能够理解你为什么会变成这样，因为你的成长环境，因为你爸爸对你的影响。在这段时间，她已经提升了很多。

这段时间，你晚上在客厅里睡觉，对吧？她早上起来推开房门，看你在客厅睡觉，如果是以前，她会无意识地认为，你睡你的，她继续做早餐、拖地。现在呢，她推门看见你躺在那里，她会想你昨晚可能没睡好，她不能发出声音，她觉得那些家务，应该先放一放。于是她轻轻关上门，让你好好休息。她回到房间静心地练习。

我昨天还和她通了电话，把我们之间沟通的内容，和她转述了一遍。我问她，到底想不想和你沟通？想不想走进你的内心？

小波：对一个成年人来说，察言观色是一种生活技能。她为什么就没有？我有时候甚至理解我爸为什么总是那样对我妈。

我这两天和她说，你早上可以起来做早餐，你可以自己吃，但是你不要非得把我叫醒，和你一起吃。你看我不搭理你，你也别搭理我就行了。但是她现在看我在客厅里睡觉，不管我醒没醒，她都不会出来做早餐，什么都不敢做。

老师：嗯，嗯。

小波：我现在真是感觉，不知道该怎么跟她说才好，真的很累。

老师：那她会不会问你，说我要去厨房做饭，可能发出的声音比邻居发出的声音还大，会不会又引起你情绪的波动？你知道你妈妈属于不敢表达、不会表达、不知道怎么表达的人。

小波：我其实也是这样的性格，不知道是遗传还是后天形成的。很多时候，我需要什么，我感觉我说出来也没用，说出来也不会有人听，听了也不会做。所以，我就干脆不说。但是即使我不说，他们还是不厌其烦地打扰我，我就接受不了，有时候就翻脸。

老师：嗯，她也发现她的这种特质，有什么想法，也不会表达，害怕表达错误之后，受到攻击。

她说有一天她很感慨，在学习中，她感受到了生命的无常。她当时想和你聊一聊，因为当时她听完课，走进生命的状态，她在回忆，在回味，在寻找那种无常的感受。她想到：如果哪一天她不在了，她的孩子，你还没有成家，你该如何生活。所以，她要更好地珍爱生命。她当时想到这些，非常地忧伤，很想和你表达一下她的想法。结果当时你们沟通得不大顺畅，她表达完之后，你当时很愤怒。她当时和我说，她很痛苦，她本来是满怀深情地跟你说，不知道你为什么会动情绪。

当时我就问她，你在给他传递的时候，是不是让小波感受到了一种威胁。她说，老师呀，您真不愧是专家，你理解得太对了。当时小波感觉就是受到了一种威胁。

所以，你会发现你妈妈确实不是一个善于表达的人，让你感受到的都是威胁和控制，但是她真的很爱你。

小波：嗯。我之前想出去找工作，就是为了脱离这种或明或暗的控制，我想一个人生活真好，为什么要听你们摆布。我的想法很简单，哪怕我的工资只够我租房，就算我管他们要点零花钱，也不至于被他们从早到晚唠叨。但是后来，我发现我出去无法找到合适的工作。

老师：理解，我觉得你有一种超人的觉知力。而且，你看事情特别得准。你有这么棒的情商基础，有这么深的洞察力，你现在面对的就是咱们这个幻听的问题。这个时候，我们别往后退，我们要勇敢地去面对。

小波：嗯。

老师：你勇敢地去面对，你就调整过来了，这个要比药物好太多太多了。

小波：是的。你看我在家里，难免会有情绪低落的时候，或者感觉无聊的时候，因为我不跟别人接触，也不爱运动，所以我的神经和情绪也会比较紧张。有的时候，想休息又休息不了，想做点事，又无法集中精力，特别地困难。

一进入这种状态，我的耳朵就变得敏感起来，仿佛开关被打开了一样，就开始听到那种声音，我想尽量专注地做些什么事情，让自己的内心平静一些，但一安静下来，就会听到那种声音。

老师：你听到就听到呗，听到之后就保持觉知，我们练习从你那样的情绪中跳出来。当你被楼上的声音打扰时，你就跳出来；当你情绪上头时，你就跳出来；当你攥紧了手，准备冲上去时，你就跳出来。你跳出来几次，感觉就会好很多。

小波：嗯，当我出现这种情绪的时候，我马上就去调整。

老师：我觉得你可以在家先做一些静坐的练习，你就安安静静地去听，看看你这种幻听出来之后是什么样的感觉，就是我听见了什么？我脑海里都是什么声音？

举一个例子，比如一个人得了皮肤病，身上有一处特别痒。要是以前，我一定要去挠挠，否则我就受不了。现在把幻听当作是一个痒处，我就静静地坐着，去感受，去深度地感受，去走近，看自己哪块痒了。当你真正地接近那个痒处，挠一挠，痒处就慢慢消失了。

就像你现在，静静地坐在那里，如果出现了各种幻听的声音，如万马奔腾一般，这是咱们的小我在作怪，我们要用大我去看见它。我跳出来，用我的高维去看见它。我就让它在那万马奔腾，我就在这，让它在这咆哮，我就看着它。最终你会进入到一种寂静的状态。

所以，我说你需要像那些戒毒的人一样，有一种强大的愿力。你要这样想：我这么年轻，不能把时间耗在这里，我从现在开始，就要去突破。当我不断练习时，我的觉知能力也在提高，就可以获得更大的力量。

为什么要在练习中锻炼正念觉知呢？

因为，当我们保持在我们最有力量的时候，就能觉察到自己的每一个念头。

小波：我总是想让自己在应对这些反应时，心里有一个念叨，念叨的东西就是让自己去忽视它们，但是我总是不知道该念叨什么，有时候是一个词，有时候是一种感觉，一闪而过。

老师：我们现在就挑最简单的练习。比如你在休息，你妈突然进来了，拉开了窗帘，打扰到了你。你的情绪一下子就上来了。我们这个时候就要跳出来，意识到自己刚才动情绪了，想和妈妈吵架，想骂她。这样，我就觉察到这个情绪，我就和情绪在一起，我就平静下来了。你能平静下来，你就闯过了第一关。

小波：我感觉这个事情还是跟我爸有关系，他那个人就喜欢贬低人，把人贬低得一无是处。而且说话还特别难听，什么难听说什么。我就是接受不了。

老师：我们要正视这个问题，你现在形成的这一切可能都是由你爸造成的，但是时间能倒回吗？不能，所以，不管你爸现在是什么状况，已经造成了这种状况。我们现在就要重新归零，从现在开始。他既然没有能力走出来，咱必须先突破，先不管他，咱先把自己弄出来。

你要更清楚地认识自己，了解到造成自己今天一切的原因之后，就不再往他那去归因了。因为你爸拯救不了你，你现在只能自己救自己。因为他现在自己还在病中，还没好呢。

小波：我想和妈妈商量一下，不想住在这里了。我可不想我的后半生都在这个地方。

老师：其实换一个环境，对你的调整也是有帮助的。

小波：我之前想往东边去，希望离海近一点儿。通辽也行，坐高铁过去，离大连也不远。因为我妈妈的亲戚在那边，她过去生活也有个照应。

老师：嗯，搬家是一个系统的工程。还涉及到置换房子，你妈妈现在手头的资金也比较紧张，需要好好筹划筹划。

小波：嗯，我也不是很着急，只是想先和我妈商量。明后年搬都可以。

老师：那你今年过完年，有什么打算？现在有工作的想法吗？

小波：老师，经过上次和您沟通，我发现我不一定非要去上班。我感觉我更适合做自由职业。我没有那种赚大钱的想法，只想过平平淡淡的生活，然后研究研究心理学，还有营养学，其实就是研究怎么能过上幸福的生活、健康的生活。

老师：嗯。

小波：有机会的话，我想锻炼一下自己的写作能力，没事多看看文学作品。这些作品可能对我也有一些好处，就是能让我更真实地看到不同人的生活面貌，了解更真实的大众生活状态。

老师：老师给你几个建议。

第一，你自己要先下决心。

你现在要下决心去调整这一切。如果你不下决心，遇到问题，你就会往后退缩。因为退缩非常容易，往前特别困难，你自己得下决心去调整，因为你自己也清楚你总是因为幻听的事情而苦恼。你得清楚地知道，我做了一场噩梦，我必须现在赶紧醒来。否则，你就一直在梦中。

第二，保持意念力和深度的觉知力。

当你的情绪上来时，如果你能动用意念，你就可以马上从噩梦中跳脱出来。

保持觉知力，让你能觉察到你父亲种种暴躁的行为，是源于他有个苦难的童年，他的内心可能比你还痛苦。保持觉知力，让你能面对你的父亲，放下对父亲的怨恨，真正地与自己的内心和解。这种觉知力，可以通过每天的静坐来修炼。

第三，要学会调频。

比如，我们过完年想去找个工作，那么我们从现在就要开始规划。当你的人生中有这样重要的大事时，之前的那些小事你就要自然地放下。

之前我们出现了幻听，你不能在内心强化你自己有病。你越觉得自己有问题，你的情况就会越严重。我们要调频，否则就会钻到死胡同里。

面对困难，面对心中的敌人，我们怎么办？像毛主席说的，战略上要藐视敌人，战术上要重视敌人。这些困难对于我小波来说不是什么人生的“大坎”，我是一定能克服的。

不要过度地执着于外部的声音，我们心理的情绪变化不能完全归咎于外部的原因，也就是我们不能向外归因，向外部找寻，全是欲望，全是恐惧，唯有向内归因，你才能驾驭一切。

你每天没事时就练一练坐禅，每天坚持五分钟。想一想美好的人、事、物和景致，想一想我们到了广阔的海边、秀丽的高山边，想一想我们走进了郁郁葱葱的森林。在那里，我们听到了海浪声、鸟叫声和徐徐的风声，心理会不会有些愉悦？感受这些大自然的场景，对于我们来说是一种疗愈。

这种疗愈，会让你正视你心中所有的愤怒、恐惧，所有的“万马奔腾”，你慢慢地会感受它们的美好，慢慢地与它们达成心灵的沟通。只要你坚持一个礼拜，你就会慢慢发现，这些“奔腾的万马”，已经全部由你指挥了。你想让它们前进，它们就前进；想让它们后退，它们就后退。

老子家不远处有一条河，老子没事的时候就到河边静坐，从潺潺的流水中，他获得了很高的智慧，观水悟道，说出了“上善若水，水善利万物而不争”的名句。

我们每天做这样一个静心练习，如果还有时间，我们可以读一读书，这样通过每天高频率正能量的输入，可以把我们身体内的负能量清理走，脑袋也变得越来越清醒，就不会再进入原来的创伤模式，迎接的只有美好的生活。

你悟道了之后，你还可以再指引你的妈妈、你的爸爸渡过心理的难关。

一会，老师还有事情，那我们今天就先到这里?

小波：好的，好的，非常感谢老师，今天我收获很大，我好好参透参透。老师再见。

沐晨老师与小波的第二次电话疗愈（删减版）

小波：老师，您好，我感觉我现在什么都不缺，但是需要一份工作，倒不是为了赚钱，只是需要慢慢独立起来，不再需要依靠父母的经济支持。

老师：现在离过年还有一个月时间，你有什么具体的想法吗？

小波：之前不敢去找，而且手头也没有多余的钱出去租房。

老师：你为什么想租房呢？

小波：我不想在我家这边工作，我是个比较有想法，能独立思考的人，也喜欢与有思想深度的人交流。但是我的老家是个以农业为基础的城市，这里的人思想很简单，很多时候，我没法与他们进行交流。

老师：嗯，你现在没法适应当地的人文环境。可以考虑换一个角度，现在是自媒体的时代，你有没有考虑过线上什么工作适合你，这也会是一种比较舒服的工作方式。

小波：线上的工作，我之前考虑过，也在网上搜过，我可以做些修图之类的工作。

老师：你的文笔也不错呀，可以试试写写文章。

小波：没有，没有，我没有刻意锻炼过文笔。

老师：你的文笔，你的声音都很不错。在现在的情况下，选择居家办公是一个比较好的思路。比如现在的小红书这类社交软件，需要大量的优质写手，需要很多写文案的人，像喜马拉雅这样的音频平台，也需要大量的音频主播。

我觉得你的声音可以，文笔也不错，你可以尝试从事这种文化产业类的工作，既高雅，也有自由的时间。你可以居家办公，不用出门，完全徜徉在一个非常棒的精神世界里。而且做好了，还会有一份不错的收入。

小波：嗯。这个想法对我来说挺好的。但是做主播的话，我不确定这种事情是否应该去努力。

老师：主播其实有很多种，你可以做读书分享类的主播。你的声音不错，可以考虑做一个读书类的主播，一个月可以读几本书，然后，让别人通过读你的书，吸纳你的知识，这样就可以在平台赚钱。

我有一个跟我学习的学员，她家有三个孩子，由于孩子需要照顾，她就从原单位辞职回家带孩子。我觉得她的声音不错，四年前就鼓励她去喜马拉雅平台试试，她去尝试了，觉得挺适合，就一直坚持了下来。

刚开始，她在家里弄了一个很简陋的录音间，后来事业做起来了，她就在小区旁边的车库，租了一个八九平方米的空间，装修出来一个相对简单的录音棚，每天在那里录音。现在一个月的收入有2万多。

小波：挺好的。

老师：她坚持干了三四年。所以我说在现在的自媒体时代，我们的就业路径很宽广，创造了非常多的新行业、新机会。一些需要居家的，有些个人爱好的，喜欢画画的，喜欢写作的，可以在线上接工作来做，可以有很不错的收入。

还有些游戏类的工作，比如主播、后台、策划。当然，我不是建议你去做游戏类的工作。我想说的是，只要你用心去琢磨，有很多不错的选择。

刚开始时，不要想一步登天，一天可以赚三五百元。我们先通过这种方式与社会进行接触，可以结识到形形色色的人，这样咱们每一天的日子都是鲜活的，有价值的，也会觉得蛮有意思的。

其实，你调整状态最快的方法就是边工作边疗愈，你可以随时和我连接，关于工作方面、社交方面的一些情绪、状况，咱们都可以随时沟通。这是你最快走出来的方式。

小波：嗯，谢谢老师。

老师：目前这样的平台很多，小红书、头条、百度、微信公众号等平台，还有短视频的主播，他们都需要大量的文案和策划。

这一类工作属于新媒体的衍生行业，因为这个行业起步不久，对从业人员的门槛要求不高。如果你有写作经验，工作起来会更加娴熟一些。如果没有写作经验，通过摸索，也可以积累起来。

就像我刚才给你介绍过的雷同学，她之前没有多少写作经验。开始她给小红书做文案的时候，也是一点点摸索起来的，后来逐渐形成了自己的风格。她发现只要文案能迎合消费者，一篇文章就可以获得三五百万人的浏览量，收益也是相当可观的。

这种行业，你只要摸索进去之后，凭借你的学识，你的文化素养和敏感度，应该可以很快就入门，我们要学会用智慧去赚钱谋生。

现在离过年还有一个月时间，你不妨先试一试。你让自己每天都充实起来，而且你在工作、生活、思想方面遇到问题，还有老师这个窗口，咱们可以随时进行连接。

在我们前进的过程中，我们不要过多地去想原生家庭的影响，去想父母曾经对你的伤害，我们要从心理做到归零实修。

归零你应该能够理解，什么是实修呢？实修就是在生活中对自己的心态进行调整，调整到不受别人影响，没有太多标签的状态，调整到开心喜悦的状态。

我们要时刻牢记：放下、对不起、请原谅、谢谢你、我爱你。

放下，就是当出现不好的情绪时，我们要学会暂停这种情绪。

要学会放下，放下对情绪的执念，对自己的内心说："对不起，请原谅，谢谢你，我爱你。"你每天重复地说这几句话。

在一开始的清理过程中，你可能会觉得不能适应，有很多念头跑出来，这很正常。通过调整呼吸重新把思绪拉回来，可以反复地说那四句话，这就是在实践中修行的一种方法。

通过这样的方式，只要有情绪，就立刻清理，越清理就会越轻松，越清理就会越平和，你也会越来越安静，静能生慧，整个人会变得越来越柔和。

小波：那么，我们原来的那一段认知是不是没有价值？

老师：当然很有价值。因为，正是因为有了原有的认知，我们才看见了自己的性格密码，才看到我们受伤害之后的样子。那么从现在开始，我们一起重新去调整，重新去调频。

日本的经营之神稻盛和夫说过，工作是一种灵魂的修行，当你把工作当作修行的时候，你就会打败90%的人。我们在工作中去修行，去调频我们自己。

在工作中，也会锻炼你的社交能力。以前我们处于烦躁不安的状态，当我们把工作当作修行的时候，我们的心也会变得很平静。这个时候，我们就会变成一名战士，一名非常勇敢的战士，在面对来自内心的恐惧和烦躁的时候，很快能够突破。我说的你能理解吗？

小波：嗯，能理解。我感觉自己处于等待自己恢复的一种状态，而不是主动去突破。我有时候会看看关于沟通、关于抗打击或者克服拖延症之类的书籍。有时又想要考研，也会看看考研方面的书。

老师：嗯，所以老师说，不用等。因为等待的过程本身就是一种逃避。我们要将理论和实践相结合。如果只在家看书，好像是给自己找了一件事情做，实际上你的潜意识还在往后退缩。

我们只要迈出这一步，即使开始的一段时间，没有找到适合居家办公的领域和行业，也不要紧。也不要认为这耽误了时间。因为你的思维一直在前进。我们的大脑就是一台机器，不进则退。在这样的过程中，你会发现你每天都充满了力量，过得很充实。

而且在做的过程中，我们不要追求一蹴而就。比如说，一位未来想从事心理咨询的朋友，看到线上有一个兼职的工作，写一些关于家庭教育的文章。如果要做的话，会投入很大的精力，可能会花一两天的时间，稿酬又不高，一篇也就是几十元。如果是你，你会不会做？

小波：我会考虑考虑。

老师：老师建议如果是你的话，一定要去做。你可能会觉得这类工作你没有做过，没有积累。不要紧，我们先把这项工作做分解，想想做这件事情需要了解哪些知识。如何获得这些知识？是看书还是查资料。这个过程就像写论文一样。

最后，在你完成这样一篇文章的过程背后，你可能已经看了几十本关于家庭教育的书籍，虽然表面上只赚了几十元，但是实现了快速的成长。

我们也不要说，等到一切准备就绪，我才开始。我们要懂得世界上永远没有万事俱备，我们要学会在做的过程中去完善。

你现在就是借助于干任何一件事的过程，去突破你想等到一切准备就绪才开始的思想，突破你原来的完美思想，世界上哪有什么完美，只要你行动了就是最好的完美。就是因为绝大多数的人，都是思想的巨人，行动的矮子。

所以，我们要规划更好的人生，不管怎样，要先行动起来，在行动中练就我们强大的内心，让我们的精神和物质都变得丰盈起来。

其实，你说考研，只是给自己找了一个心安理得的逃避的借口。我们完全可以找一份自由的工作，边工作边啃书本。在工作中不断完善，不能为了考研，什么也不做。

只要按照我们沟通的来做，你可以很快地从现在的状态里边走出来。两个月的时间，你会完全成为一种崭新的生命状态。

如果你对心理咨询有兴趣的话，老师可以带带你，给你一些心理学方面的简单的助理工作，你在工作过程中可以不断连接不断提高，可以不断修正自己的方向。如果你接触了之后，感觉自己对这个领域感兴趣，我到时候可以把你培养成很棒的心理咨询师。我也会把我接下来的一些个案，交给你做。你在过程中不断连接不断培训，即使当不了心理咨询师，先做一个倾听师也不错，倾听别人的心理需求，每小时的薪水也是不错的。

所以，我们可以先找一些门槛不高的工作，先实践着，在践行的过程中，才知道你从事的工作是不是自己喜欢的。你不要禁锢于你自己的专业，自己的思路。很多人大学毕业后，并未从事本专业，我们要突破原有的格局。

这几年，受疫情的影响，很多原来做线下教学培训的老师都受到了影响，国内一些企业发现了这样的需求，开发了一个叫“创客匠人”的知识付费平台。这家企业已经帮助超5万家培训机构打造线上平台，覆盖领域拓展到50多个细分行业，包括语数外培训、企业培训、国学人文类的培训等，目前这家公司已经是新三板的上市企业。这些在平台上做知识收费的老师，以前主要做线下的培训，他们没有线上培训的思维，也没有互联网思维，需要有人培训技术、运营、创造性思维，所以，通过这个平台，直接扩展了几百个新的岗位。

这些岗位有些可能你都没有听过，但是这些岗位特别适合像你这样年轻又有敏锐的互联网思维的大学生。相信以你的能力，熟悉几天就可以胜任。

所以，你不要给自己设限，这个岗位你没干过，很多人也没干过，不要因为没有经验，就不去尝试。

老师我大学毕业后，留在学校当老师，教授的第一门课程是电子商务。那个时候，教育部认为电子商务是一个趋势，要求全国重点大学开设电子商务课程。老师教学的时候，是开展电子商务课程的第二年，连统一的教材都没有。

所以，那个时候，老师没办法，只能自己研究课程。图书馆没有书籍，我就在网上找资料，看西方国家有没有成熟的关于电子商务的规则，然后把这些资料整理好，第二天就给学生上课。就这样，也带出了一批专业过硬的电子商务的学生。

现在是信息化的时代，很多行业的生命周期只有三五年。我们没有时间去把这个行业的所有知识都搞懂，才进入这个行业。等你参透了，这个行业又演变成其他的样子。所以，我们只有在干的过程中去完善。

小波：嗯，好的，沐晨老师。

老师：我看你对心理学也比较感兴趣，我再给你讲讲心理咨询师的行业发展。根据《2022 年国民抑郁症蓝皮书》，中国有高达9500万抑郁症患者，平均每14个人中就有一人患有抑郁症。每年约有28万人自杀，其中40%患有抑郁症。这些抑郁症患者非常需要我们这些心理咨询师的拯救。

按照世界卫生组织“每千人拥有一个心理咨询师是健康社会的平衡点”的建议，中国至少需要140万名心理咨询师。但实际上，在我国获得心理咨询师证书的120万人中，仅有三四万人在从事心理咨询专职或兼职工作，心理咨询师缺口多达130万人。

这个行业是供不应求的，但是，同时，社会上心理培训机构比较混乱，很多培训机构只求短期、快速让学员毕业，根本不求培训的质量，导致很多拿到培训师证的人没有能力做心理咨询。这就导致现在心理咨询行业的培训项目特别多，但是真正从业的人特别少。

从本质上讲，心理学是一个必须要师傅领进门的学科，靠自学和靠参加短期培训，永远无法入门。从现状上来说，由于心理学学科本身的复杂性和分裂特质，很少有真正理解所有不同流派心理学的老师，所以培训的老师自己也不完全懂心理学，造成参加培训的学生也无法理解心理学。

未来要想在心理学取得一定的成就，要系统学习心理学的两个重大根源——东方哲学和西方哲学，也要学习心理咨询作用的基本载体——形式逻辑学，还要学习全世界通用的大学心理学几十门课的教材。这样才具备成为一位合格的心理咨询师的知识结构。当然，这是一个循序渐进的过程，在这个过程中，沐晨老师都可以带着你。

小波： 嗯，好的，老师，我要走出去。

老师： 是的，在走出去的过程中，你思考的力量也会提升。

小波： 如果只是一个普通的行业，也能取得不平凡的成就吗？

老师： 可以的，只有你积极地走出去，并在过程中积极地思考，比如说一个工厂的检验员，非常普通吧？我看过一个直播平台上的一位检验员，他平时就是在一家小药厂里做普通的检验工作，下了班就在网络上做直播。他这个人特别不善言辞，特别老实，讲话慢条斯理。他直播主要是介绍各种食物的成分，因为他平时的工作就是接触各种食品的配方，所以他对食品的成分非常了解，可以说得头头是道。你想，这样的人推荐东西你是不是特别地信服？直播间的人看到这样一位专业资深的检验员，将检测过的产品推荐给大家，于是大家都争相购买。检验员直播间的粉丝数量也在不断上涨。后来，这位检测员检测和推荐的商品从食品扩大到化妆品、宠物食品，全网粉丝已经达到1000万，这位检测员也获得了事业上的成功。

所以，一个人从事什么样的工作不重要，重要的是在工作中拥有什么样的心态，你想成为什么样的人，你就要想办法，努力成为那样的人。

当我们遇到一个新选择的时候，宛如面前飘着一团厚厚的迷雾，你无法绕过，再怎样努力，也无法看清楚前面的路，你不知道迷雾的后面是什么，可能是光明的坦途，也可能是万丈的深渊。这个时候，你要做的就是“迈出这一步”。我告诉你，小波，你不要犹豫，只管往前迈步，你只有迈出这一步才知道自己面对的究竟是什么，否则永远停滞不前。

小波： 是的，应该迈出去，没什么可怕的。

老师： 当你迈出这一步，你会发现往往很多时候问题本身不可怕，是我们人为地把它臆想得可怕了。其实，你闭着眼睛大胆地往前走。只要突破一回，之前你想象中的障碍就全部消失了。

所以，凡事我们要向积极的一面去思考，在做的过程中，保持积极和乐观。

俗话说，积极的人像太阳，走到哪儿都会亮；消极的人像月亮，初一十五不一样。态度决定一切。有什么样的态度，就有什么样的未来。

只为成功找办法，不为失败找借口。每每想到这句话，我浑身都会充满正能量，很多事情我都勇敢地去挑战，也逐渐喜欢上了这种感觉。因为你每挑战一个新鲜事物，都有无限的新机会，都会创造无限的可能性。

每每想到这句话，让我看待事情要选择看待积极的一面，不看灰暗的一面。这样会让我特别地有力量。

同样，你也可以找一句让你充满正能量的话，当作座右铭。你把它贴在卧室，贴在写字桌上，贴在你随时能看到的地方。看到它就可以激励你，让你特别有力量。

现在距离春节还有一个月的时间，像往常一样，我已经把明年的规划都做完了，做完之后，我特别地幸福，特别地享受。因为在我们未来一年的计划中，会点亮很多人的思想，驱散很多人的迷茫。

前天晚上，我在给学员们做内训，这些学员里有企业家，有公司职员，也有公务员，还有心理咨询师。我给他们分享了我明年的规划，很多人都流着眼泪听完全场。这种计划本身就是一种无穷的力量，一种疗愈，能给别人带来力量。

小波： 嗯。老师您说的很有道理。我有时候就是一直困扰着，犹豫着。

老师： 如果你有兴趣，也可以做一个明年的全年规划，做完之后老师会帮你进行梳理。到时候，也欢迎你在我们课上分享你的计划，那种感觉肯定会特别棒。

所以无论工作还是心理，遇到问题并不可怕，关键是我们面对问题的态度。如果躲着不处理，问题永远不能解决。你能理解老师的意思吗？

小波： 嗯，听懂了。

老师： 凡事先做起来，不追求完美，我们在遗憾中前行，在遗憾中看见更美的生活。有了这种心态，我们每天就不会觉得无所事事，每天都会觉得元气满满。

同时，你可以将你的妈妈当成一个陪练，练习不断给她积极的言语，积极的信念，积极的思维。你妈妈现在还这么年轻，总要干点什么事吧，未来不能只依靠微薄的工资。

你也可以给你妈妈做一些规划。现在她还不到50岁，正是人生创业的大好时光，孩子成年了，也没有什么负担，正好适合做点自己喜欢的事情。从现在开始重新归零，好好地规划一下自己的下半生。这样，你就成了你妈妈的心灵导师。

在你给她积极的力量和正面的引导时，你妈妈的心理也会发生变化，她会觉得，有我儿子在，我很有安全感，这种感觉实在是太好了。你也会发现，你和妈妈对话的状态也完全不一样了，你说话的频率、质量完全不一样，你会成为她的小太阳，你和妈妈的每一次对话都变成了她的疗愈之旅，你会给她带来无穷的力量。

同时，你也按照我们的规划做下来，也许，你在明年就可以居家办公，每天保持一个小时的看书时间，一个小时的健身时间，生活变得非常有规律，人也会进入高昂的生命状态。

小波：嗯嗯，阳光生活。

老师：好的，那我们今天的沟通先到这里。我们今天沟通的内容，你再琢磨琢磨，期待你的佳音。

小波：好嘞，谢谢老师，拜拜。

沐晨老师与小波妈妈的第一次沟通（删减版）

小波妈妈：老师好。

老师：小波妈妈好。这两天小波的情况怎么样？

小波妈妈：挺好的，挺稳定的。

老师：嗯，等这两天我再单独找时间和他做一次深度连接。今天，咱们先单独聊聊。

小波妈妈：好的，谢谢老师。

老师：通过前两次的沟通，我告诉小波要通过静心的修炼，提升自己的觉知力，不要寻找外部原因，更多地向内归因，才能够从现有的状况中跳出来，换另一个视角来看待他的整个人生，他和你们之间的关系。这对他从原有的情绪中走出来会有很大的帮助。

小波妈妈：嗯。

老师：我们今天就来聊聊你的情况，说说你的婚姻和这么多年你和孩子爸爸的相处模式，包括你整体是一个什么样的心境。因为在孩子那里，我感受到他受到的创伤非常大。

小波妈妈：嗯，先说说我自己的原生家庭吧。我父母感情一直特别好。我爸爸原来是内蒙古军区的部队干部，后来先转业到包头钢铁厂，工作了一段时间后，又从包头来到内蒙古巴彦淖尔市检察院，做行政干部。

在包头的时候，我妈妈精神上受了一次刺激。那时，我妈妈单位有一个人去世了，送行的时候，我妈突然就晕倒了，怎么都叫不醒。后来她在医院里住了很久，一直不见好转，听说巴彦淖尔有个医生很出名，就找他调理了一次，效果不错。为了给我妈治病，他们就从包头搬到巴彦淖尔，他们俩都在当地的政府机关任职。

我父母的感情很好，在父母的影响下，我们兄弟姐妹4个人关系也很好，大家都是有什么事情相互帮忙。

我爸特别让着我妈，我妈也特别明事理。我姥爷家以前是通辽的大地主，我妈从小就出来上学，在当时的绥远女子师范学校读书，文化程度在当时是比较高的。

我爸爸因为是军人，本身比较严肃，对我们兄妹几个人要求特别严格，从小就用部队的方式管理我们，吃饭不许出声，做事要轻手轻脚、平时要早睡早起等。

小波爸爸的原生家庭和我们家有很大区别，小波的爷爷奶奶是农村的，文化程度都不高，小波的爷爷是从部队复员到乌拉特旗当工人的，一直做到退休。他奶奶在农村，与爷爷两个人一直分居。在小波爸爸十二三岁的时候，小波爷爷想和他奶奶离婚，后来家里人说情，两个人没离成，但是感情一直不好。小波爷爷动不动就打小波奶奶和小波爸爸。

小波爸爸18岁时，有一次回家，看到小波爷爷又在打奶奶，他就冲上去把小波爷爷打了一顿，还说："如果你今后再打我妈，我就让你滚出这个家。"小波爷爷见打不过小波爸爸，从此也收敛了一些。

所以，在那样的环境长大，小波爸爸的性格一直都比较暴躁。他从小就在院里打架斗殴，在学校里也是称王称霸。初中毕业后就参加工作，后来一件事对他影响挺大的。

他当时处了一个对象，两个人感情特别好，他们也发生了男女关系。有一年春节，女孩回了老家，过几天，他听说女孩要结婚了。他不相信，结果跑过去一看，女孩确实在办婚礼，小波爸爸受到了很大的打击，他当时就准备抄东西去女孩家里算账。小波奶奶哭喊着拦了下来。郁闷的小波爸爸就叫了一帮朋友在外边喝酒，喝醉了和别人打群架，被警察抓了起来，因为伤了人，小波爸爸在看守所待了三个月。

他从看守所出来后，就特别仇视这个社会，想要弄一个炸药包，把公安局炸了。他大舅怕他出事，就帮他找了个工作。他去上班之后，情绪好了很多，但还是动不动为朋友出头打架。

我当时从部队转业之后，分到了呼市的人民银行。当地一个法院院长的儿子喜欢上了我，对我死缠烂打，我不见他，他就把身上挠得稀烂，或者在大雨底下站一晚上等我。我有一次感冒，他特别贴心，又是熬药，又是陪着我，我的心就软了。

我当时还不知道他已经有家庭了，后来才知道，我说，你有家庭了，为什么还来纠缠我，就和他提出了分手。他就说他马上回去离婚，离了婚就娶我。他家里不同意他离婚，他爸爸甚至直接找到我们银行的行长，说我是第三者，破坏人家家庭。

我们银行觉得这件事影响不好，就把我下派到巴彦淖尔下面的县银行工作。

我当时的心情因此非常不好，又不是我破坏他的家庭，是他死皮赖脸地来追我的。后来我爸爸听说了这件事，指责我咎由自取，说今后不管我了，让我在家好好反省。我那段时间压力特别大。

正是在那时我认识了小波的爸爸，当时我们两个都是单身，小波爸爸已经开始做生意了，在县里条件比较好。小波爸爸当时就想和我处对象，第一次来找我，我没答应。

过了半年，他又提出来和我结婚，因为那半年，我身体很差，一直咳嗽得厉害，还时不时地发烧。小波爸爸就一直照顾我，让我很感动。我当时就想，我岁数也不小了，父母现在也不管我，不会把我调回去工作，我今后就扎根在这个偏远的县城了。眼前这个男人，还挺有经济头脑的，对我也好，我想就嫁给他算了。

老师：你当时想结婚的时候，你爸妈是什么态度，他们同意吗？

小波妈妈：我父母其实不同意。因为我们家是蒙古族，按照以前的民族观念，觉得蒙古族就应该嫁蒙古族，不要嫁汉人。所以，当时我姐的对象，就是我妈介绍的一个蒙古族，我姐当时没谈过对象，相当于父母之命，媒妁之言，就嫁给了我姐夫。

结果，我姐夫成天喝酒，喝醉了就打我姐，我姐因此特别痛苦，对我妈怨气很大。我妈因为我姐的事情，就对我们几个兄弟姐妹说，你们几个的婚事我不管了，你们自己找。

我当时带着小波爸到家里，我妈没看上，我爸也不太喜欢，但是他们说，你自己的事，你自己要考虑好。你要是愿意，我们也不强求。

后来，他们了解小波爸爸有自己的工作，还另外做了些生意，还是挺有头脑的。于是，也就默认我们结婚了。

但是结婚之后，我慢慢发现小波爸变了。我认识小波爸的时候，他挺有钱的，大概有600多万的资产，我后来才知道，有一大部分是贷款。他当时开了2个金店，又开了一家现代办公用品店，主要是经营电脑业务，做得挺大。但是他不让我参与这些，也不给我钱。

生活用品他可以买，但是从来没说，老婆给你一万两万或者三万五万去花。

老师：你当时揣摩他的心理了吗？

小波妈妈：我的感觉是他没有安全感，而且很抠门。因为他小时候家里特别地穷，没有钱买粮食，总是饿着肚子。他十二三岁就开始做生意。他在玻璃上画小人，然后做成类似现在的幻灯片，给小孩子看，看一次收1分钱，自己挣上几分钱就拿去买好吃的。长大结婚后，他觉得这个钱是他自己挣的，我不应该花他的钱。

老师：你们就钱的问题进行过深入的沟通吗？

小波妈妈：嗯，我曾经和他说过，我说你看你现在有几百万，能不能给我三五万，我先存起来，将来儿子长大了上大学，他需要钱吧？万一你的生意有什么问题，不至于将来孩子上大学没钱。可他说，他的钱是用来周转的。将来儿子上大学的钱，他会出的。总之，我说了几次，他都是这个态度。

老师：你当时认为这不是什么大事吗？

小波妈妈：嗯，我自己的工资够花，当时银行的工资也挺高的。我想儿子是他的，他总不能不管，所以也就没管他要。

但是，家里的很多事他都不管。他自己拿钱去外面消费，找了很多的女朋友。有时候，他跟我说，有多少女朋友他自己都数不过来。

老师：他在外面有女人这件事，是从你们婚后多久开始的？

小波妈妈：我们结婚前，他就有一个女朋友。那个女的长得挺漂亮，但是已经结婚有孩子了，她的丈夫是本地一个局长的儿子。

我们结婚前，那个女的总是抱着孩子来找他，孩子才一岁多。我当时以为他们之间有生意往来，也没在意。

但是结婚以后，我发现他俩的关系很不一般。再后来，那个女人越来越嚣张，干脆把电话打到我们家里来，要他的金店。原来，他开的一家金店，是这个女人在管理。这个女人说小波爸爸当初答应，要把这家金店给她，所以明目张胆地打电话来要。小波爸爸就不接她电话，后来，他们好像因为这件事闹崩了。

小波爸就是有钱就学坏，呼市、北京好几个地方都有女朋友。他也不把这些女人当回事。

老师： 你最早知道这一切，是什么样的心理反应？

小波妈妈： 我刚结婚时，他和那个女人单独去广州。我听了心情就不好，就跟他说，你们孤男寡女去广州，影响不好。他听后就对我大吼，他说他去看金店的货源，那个女的是店里的主管，他带她去很正常。再带别人去，还要多花钱，费用不高吗？

我这个人性格比较软弱，从小也没和别人吵过架。他跟我一吼，我就不知道该怎么办了。每次我不高兴，他就用这种话把我打压下去。

他后来总去找那个女人，每天都是凌晨四五点钟回来。我因此心情非常不好，我就问他，是不是外边有人了？他不承认，说是去打麻将。看我不相信，他就对我大喊大叫，骂很难听的话。后来我跟他闹离婚，闹过几次，法院也不判决，就是给我做思想工作。1995年，儿子出生，1996年他就去了北京。

老师： 那时候，你是从心底想离婚吗？

小波妈妈： 是的，他去北京的时候，我就已经不想跟他过了。因为我发现他儿子也不管，还是在外面到处找女人。我觉得我当时结婚的决定太草率了，根本没有考虑清楚。

老师： 你原本抱着一定的幻想，想有了孩子，他可能就会收敛。你当时是不是这样的心理？

小波妈妈： 对对，就是这样的心理。我就想如果有了孩子，随着孩子的长大，他应该会对孩子有爱心。结果，孩子生出来，他变本加厉，对孩子也不好。

老师： 那个时候他去北京，是你从心底里不想去，还是他不让你去？

小波妈妈： 他当时希望我辞职去北京。我当时在银行上班，我觉得父母帮我找这个工作已经非常不容易了，而且我也特别热爱我的工作。我要是把工作辞了，就只能依靠他。我觉得根本不靠谱。

如果他每次赚了钱回来，给我三五万，让我存着，我的存款已经达到几十万，我完全可以把工作辞了，这样我心里会很踏实。但是他一分钱也不给我，让我对他没有任何信心。离了婚之后，我就要每天像乞丐一样，跟他要钱。

所以，他劝了我三年，让我辞职跟他去北京，我都没同意。

老师：嗯，那后来孩子怎么去北京跟他一起生活六七年呢？是什么机缘？

小波妈妈：孩子是小学四年级去的北京。其实，从孩子小学二年级开始，我就有这个想法了，当时班里有两个女同学跟他是一个幼儿园的，下了课以后就追着玩。结果班主任在家长会上就说，我们儿子和女同学打闹，思想不纯洁。

我就想一个二年级的孩子，怎么会思想不纯洁。我就想和老师问清楚，结果老师开完家长会扭头就走，不理我，我打电话也不接。后来，我知道她办了个课外的学习班，让班里的孩子都去她那里补课。如果你的孩子不参加她的学习班，她就会为难你的孩子。

我觉得小学二年级不用补课，而且我本身的文化水平还可以，完全可以辅导孩子，没有必要报补习班。

老师：所以，你没给孩子报班，老师就对孩子不好。

小波妈妈：嗯。所以，我就很生气，后来到了孩子四年级的时候，又开了一次家长会。我去找这个老师沟通，她还是扭头就走。我当时就想，还是给孩子转学吧，再加上，当时我家里住着我妈、我、我弟媳还有侄女，小波的成长环境中，全是女人，对他不好。不管怎么说，小波爸爸是他亲生父亲，小波应该跟他爸爸一起成长，有点儿男子气概。

所以，我就和他爸爸商量，把小波送到北京读书，接受更好的教育，同时也和他建立父子亲情。小波爸爸同意了，准备给孩子办转学。北京那边的学校需要对孩子进行考核，结果我们这边的教学进度和北京的不一样，小波考得不好，校方说成绩不行，没办法接收。这也给孩子的心理造成了影响。

老师：那孩子去北京的时候，你感觉他爸从心底接纳这个孩子吗？

小波妈妈：没有，他从心理一直没有接纳过小波，可能是孩子从小没和他一起生活。他以前每年只过年回来待几天，他对孩子没什么感情。我把孩子送到北京才一周，他就打电话来，疯狂地大喊让我过去管孩子，他实在管不了。

那个时候，孩子在北京上的是寄宿学校。周五晚上回来，周一早晨就走。一周就和孩子待两天他都受不了。那个时候，小波爸爸已经四十岁了，这几十年，没有人约束他，突然身边多个孩子，一下就接受不了。所以，他就给我打电话，对我大吼大叫，骂我。感觉他都要崩溃了。

老师：那个时候你有没有想把孩子接回来？

小波妈妈：想啊，但是那个时候小波已经转学到了北京，再接回来怎么上学？我其实很后悔，但是后悔已经来不及了。后来小波就在北京读到初中毕业，本来想在北京读完高中的。

结果，小波初中毕业那年暑假和他爸大吵了一架。我感觉孩子的性格出现了问题。

老师：嗯，孩子的性格已经变了。当时具体是什么情况？

小波妈妈：那年孩子中考结束回家，因为小波比较贪玩，他爸规定他不许上网玩游戏。我假期给小波报了一个吉他班，让他学吉他。有一天我正在上班，他爸爸从北京回来，看到孩子不在家，就问我孩子去哪了，是不是去网吧上网了？我告诉他，孩子应该在楼下的吉他班上课。家里有两三台电脑，为什么会去网吧？几分钟后，他爸爸又打电话过来，跟我大吼，说孩子没在楼下，一定去网吧上网了。我说不可能，就给吉他老师打电话。原来，孩子跟吉他老师去另一个校区上课了。于是，我就让孩子上完课马上回家。

过了一会儿，我妈给我打电话，说小波爸爸和孩子吵起来了，让我赶快回家。我听了头一下就大了，马上请假赶回家。回到家，就看见孩子爸爸在破口大骂孩子，不相信孩子在学吉他，认为孩子一定是去网吧了，骂得特别难听，特别伤人，嗓门也特别大。孩子不接受，因为他根本没去网吧。我妈当时说了小波爸两句，让他不要这样骂孩子，他还反过来骂我妈。

看到这个情况，我就急了。跟他说，你不要这样骂孩子，小波一直在学习，他没有玩游戏。他就说我护着孩子，还骂我不知道管教孩子，只知道溺爱孩子。骂了一顿之后，摔门而出，连夜就回北京了。

整个过程，孩子不解释也不反驳，就在那低着头，一直忍着。

后来，我给孩子爸爸发信息，他一直都不回。我眼看高中已经开学了，就托人找关系，让小波上了我们这边的一个重点高中。但是因为学校已经开学快一个月了，教材也与北京用的不一样，孩子的心理产生了落差。后来，我又想办法把小波送到北京继续补高中的课程。

我的性格是吵完架，我就好了，但是孩子爸爸不行，跟我吵完架，可以半年不搭理我。我觉得这就是性格的问题。

老师：嗯。通过今天的第一次连接，我大体上听完了你的成长历程，我感觉你的语言表达能力是非常强的，思路特别的清晰，逻辑性强，心胸也比较豁达，在单位一定是非常出色的领导。

小波妈妈：谢谢老师。

老师：但是你的身上，有几处致命的错误。为什么我说致命？按照你的出身、家庭条件、资历还有那个时代的成长环境，你应该能遇到更加有质量的情感、婚姻、事业，也能更好地经营亲子关系。

为什么出现这种状况？因为在人生的几件大事上，你的反应是迟钝的。

首先，孩子现在的这种性格，不仅仅是他自己一个人造成的，还有你和小波爸爸的共同影响。因为小波在他爸爸那里永远得不到肯定的回答，小波永远都是不知所措的。在小波和爸爸一起生活的那六七年时间，孩子放学回来，等待的就是爸爸各种羞辱和辱骂。他心里会想：我做什么都不对，那我索性都不做，我就等着挨骂呗！

每天挨骂成为孩子的必修课程。有时爸爸会带着他去应酬，小波和我回忆了很多他和爸爸在一起的场景：小波要是逢人就打招呼，他爸爸可能会认为小波缺心眼。小波要是不打招呼，他爸爸会觉得小波太嚣张或者太木讷。爸爸不教，孩子永远不知道该怎么做。

在家的时候，爸爸也会随时怒吼他：你怎么什么东西都不收拾？你怎么这么笨？你简直一无是处，什么都干不成，你只知道好吃懒做，我什么都指望不上你。

所以，当孩子在这样的环境长到20岁时，他脑海里总是一直放大着父亲对他的辱骂。当他进入单位工作的时候，他心里的那根弦永远是紧绷的，总是担心被领导骂，从而形成了强迫性的习惯。比如他在驼奶场做检验的时候，我们正常做完一次检验，要么继续往下做，要么休息一下。小波不会，他做完一遍之后，一定要再做一遍，不是因为他严谨，而是因为他不自信。等做完两遍之后，再去交给领导就会晚一些。小波就会有负罪感，他会觉得他什么都做不好，爸爸对他的评价是对的。

所以，长大后的每一天，他都在不断印证父亲对他的辱骂是正确的：我本来就是个一无是处的孩子。这就是为什么这么多年他一直走不出去，为什么父亲的声音在不断地放大，为什么他会出现幻听的原因。

他的这种自卑让他无法适应社会生活，无法正常地工作。而在妈妈这边，孩子得到了什么呢？得到的是情感的漠视。妈妈会和孩子说，你爸就是这样的一个人，喜欢骂人，不会讲话，你不用管他，他一辈子就是这样。

妈妈觉得这是在给孩子讲道理，实际上，孩子一点儿收获都没有。他原本希望的是当爸爸骂他的时候，妈妈能够站在他身边捍卫他的尊严。但是，等到的只是你一句“不用去管他”，完全抹杀了这么多年孩子受到的伤害。

所以，孩子在爸爸那里受伤，在妈妈这里又没有得到力量，甚至被认为不是什么大事。这样就导致了他的人格很分裂，在不断的自我漩涡中无法自拔。

你的第二个致命错误是在你的第一段感情。当时你的感情被闹得沸沸扬扬。如果换作是我，我不会选择妥协，不会任凭领导把我下放到县里，我会反抗，不管对方是不是法院的领导，我有理，就要把事情说清楚。而你就这样默默地接受、忍让，退到小县城，遇到他爸爸这样的人。所以，我说你对第一段感情的处理反应是迟钝的。

你的第三个致命错误是在你刚结婚的时候，遇到丈夫婚外情，你虽然生气，但是没有采取强有力的措施去阻止。如果这个人改不了，我就坚决不跟他在一起，不能跟他生孩子。

你的危机意识太迟钝了，别人都把电话打到家里来了，你还在忍让。这就好比敌人侵占了你的领域，把红旗插在你的心脏了，你除了疼一下，反应都是麻木的。

遇到这样的情况，你应该好好考虑，如果对方用情不专，我就一定要离婚。我要采取强有力的措施捍卫我的主权，而不是说男人什么样，我都接纳你。

另外，最早你和他在一起的时候，他在外边做生意，不让你参与，赚多少钱你也不知道，这在婚姻中是非常要命的。这说明他对你有二心，而我们是敞开一颗心去对待他，这在婚姻中本来就是不平等的，这些都是我们婚姻中不稳定的重大因素。如果一开始我们没有摆正双方位置，基础没有打牢，后面就一定会出问题。

这就是我说的你在人生的几件大事上反应迟钝，同时，因为你原生家庭的缘故，你的父亲对你太严厉，让你失去了自我，这些因素导致你在环境中越陷越深，心底不能迸发更多的力量，也无法给孩子力量。

今天我们先聊到这，下次我们再继续沟通。

小波妈妈：好的，谢谢老师。

沐晨老师与小波妈妈的第二次沟通（删减版）

小波妈妈：沐晨老师好。

老师：你好，最近怎么样？上次我和你聊完，你和小波聊完之后，他有没有和你聊？

小波妈妈：嗯，聊了。他跟我讲，他以前从来没在意我和他说的那些话。后来您这次和他沟通完之后，他开始重视我和他说的话。

小波有很多问题他不愿意去面对，不愿意处理，事情过去了就过去了，表面上从来不纠结，不计较。以前我一直觉得这算是他的一个优点。现在看来，他的这种情绪会积累，遇到问题，可能会用一些极端的方式去释放，这点和我很像。

老师：嗯，那他有没有和你说，他意识到了什么问题？

小波妈妈：嗯，他说他因为家庭条件还可以，他以为自己的原生家庭没有问题。现在，他才意识到自己原生家庭对他的性格塑造有影响，让他现在性格方面出现了问题：没有主见，决断能力差，从来不去为自己争取什么。

他也说，在我这里感觉不到安全感，总觉得我没办法帮助他。

老师：孩子表面阳光、坚强，其实内心特别脆弱。我和他沟通过，其实你是很爱他的。但是因为你的原生家庭的缘故，让你性格方面的塑造也出现了问题。

我和他说，你的姥爷要求子女绝对服从他的命令。在这种情绪压制下，家里的孩子无形中就失去了话语权，失去了交流的环境。你的姥爷和姥姥夫妻关系看着很和谐，孩子们看上去都很安静，很乖，没啥问题，其实没问题才是最大的问题。孩子的乖巧懂事其实是失去了真正意义的平等、敏锐的决策力。你妈妈从小这种能力就退化了，所以现在她遇到关键的事情时，反应就比较迟钝。在你看来，这就是情感漠视。她不是不想保护你，而是很多事情，她根本没反应过来。比如，当你遭受到你爸爸语言暴力的时候，你自己认为不能顶嘴，不能反馈，无论事情本身的对与错，爸爸永远是对的。当你有委曲想向妈妈去哭诉的时候，妈妈因为对这方面反应比较迟钝，她不会对你感同身受，只会告诉你不要在乎爸爸对你的言语虐待。

我和他说，如果你妈妈可以果断一些，你父母的关系不会变成现在这样。如果你妈妈的反应足够强烈、足够敏锐，他们俩后来可能就不会分开。

小波妈妈：对。

老师：我和孩子说，幸福的家庭模式应该是双方彼此信任，彼此接纳，彼此敞开胸怀，为了一个目标共同进步，而不是在经济方面彼此算计，相互防范，再加上双方原生家庭的影响，这样的婚姻基础一定不牢固。同时，在这样的家庭长大，孩子很容易产生恐惧、不自信、否定和排斥。

小波妈妈：老师，你说得太对了。孩子和你沟通之后，我感觉他确实像变了一个人，比以前更理解我了。他会主动关心我的情况，关心我的情绪，整个人都有了很大的改观，非常感谢老师。

老师：嗯，不客气，我通过这样的方式，让孩子树立一个正确的价值观、婚姻观，知道应该用什么的方式去爱身边的人。

第二个我们和孩子要面对的问题是，如何解决社交恐惧。我告诉孩子，要在别人面前展示出真实的自我，不必害怕别人会用粗暴的言语对待我们。要明白自己不喜欢与什么样的人交往，这样就不必在别人面前伪装自己。一旦处理好社交问题，孩子将具备一定的独立社会能力，随后我们就可以考虑解决工作方面的问题了。

小波妈妈：嗯。

老师：就是现在毕业这么久了，要赶紧有一份收入。孩子和我说，他爸那边现在也不提供经济支持，你这边的话，现在每个月只有5000元的退休工资，还有些外债。

小波妈妈：嗯，他也给您说了，我们现在的经济压力特别大，在考虑卖车卖车位的事情。

老师：孩子也想找工作，但是很多工作又不愿意做。他不是说不愿意给别人打工，而是他自己不愿意做不喜欢的事情。本来有一些工作还是不错的，但是他总觉得自己不行，无法胜任，干不好，他会骗自己去否定那些自己没有被满足的需要。

我和他一起回溯了他原来的几份工作，他放弃不是因为受到很严重的批评或者出现很严重的过失，就是不喜欢自己在公开的场合，在众目睽睽之下工作的感觉。这样的环境让他没办法集中注意力。

就像他小时候写作业，他爸爸时不时地过来看一眼，让他变得非常紧张，这种情绪也一直延续至今。对小波来说，在众目睽睽下工作，总是有一种被监视的感觉。

小波妈妈：他在喜欢的事情上，可以自己想办法创造条件，创造环境，想办法把事情做好。但是他不喜欢的事情，他完全做不下去。

老师：我们要想解决面临的家庭问题、情感问题、亲子问题，首先要做的都是与自我和解。就像你今天去黄河边散散心、透透气。这个行为非常好。因为你在来的路上，在你站在黄河边时，都是在面对自己的真实感受。

所有的恐惧都来自于不敢面对。比如，有人说，在这个世界上，80%的人都害怕演讲。在演讲领域里也有一句话：死都不怕，就怕在公众面前讲话。为什么那么多人害怕演讲，就是因为他们不熟悉这个舞台，锻炼得太少，在生活中也在不断地自我否定，认为我不可能讲好，于是越来越恐惧。

如果哪一天有人把你推到讲台上，你会突然发现在经历尴尬、脸红之后，好像也没什么。你想反正也丢人了，就讲吧。第一次可能语无伦次，毫无逻辑，等第二次下来，你慢慢就无所谓了。当你真正面对的时候，你的恐惧也就消失了。

所以，面对社恐的问题，我们把所有的理论都剖析之后，就了解了问题的根源，下一步要做的是什么呢？就是践行。

比如，一会我们通话结束，你可以走到户外，去看看自己的身体是否会放松，我们情绪的表达是否自然，我们下意识地去察觉内心情绪的流动。如果你能感觉到这点，你的内心就战胜了自己。

如果走过来一位陌生人，你是否有意识地给他一个微笑，一个点头，你是否能友善地给他一个柔和的眼神，或者在心底给他一个默默的祝福。你会觉得你的身心彻底得到了解封。

我会从心底去迎接我遇到的每一个人。面对任何事情，我都心生温暖。后面我们通过不断的练习，你会觉得，走在人群，你会下意识地给别人点头微笑。

当我所处的环境，不是我喜欢的环境时怎么办？如果我接触的人，也不是我喜欢的人怎么办？我如果必须待在这里，我怎么能改变我身边的人呢？我们不要因为他们而心生烦恼，因为我知道他们不是因为我才这样，他们面对谁都这样。我不会因此影响到我的情绪，我会走近他们，通过正向的疏通，来影响和改变身边的人。

和你感觉舒服的人多做连接，和你感觉不舒服的人少做连接，用合理的方式去正确地表达自己真实的想法。

在这个过程中，孩子的心理状态还需要一段时间来调整。就工作来说，孩子本身对原有的食品质检领域不是很喜欢，觉得工作烦琐复杂，还需要应付单位的人情世故。

工作本身是一种修行，我们鼓励孩子树立一个目标，并且为这个目标不断努力。这样，在过程中也会汲取很多力量，情绪会逐渐由恐惧、排斥变成自然。我们一旦能够面对这些不良的情绪，我们就可以穿越过去。

我教导过很多研究生，他们都是先找到自己的目标。即使现在做不到，也明确地给自己下一个定义，未来什么时间能做到。按照这个规划，不断地练习，不断地突破自己，一步一步践行下去。正视、和解、不断调频、不断练习，才是世间最简单的路。

如果孩子对心理咨询行业感兴趣，我也会帮助他向这个领域发展，经过一定的积累，也可以获得不错的回报。

那我们今天就到这里，后面有什么事情，我们保持联系。

小波妈妈：谢谢老师，再见。

沐晨老师心理疗愈案例 2

客户背景

婷婷，一个能干的女人，二婚嫁给了一个大他15岁的男人。婚后7年，日子过得还算富足，丈夫对她很好，对她的家人也很好，就是酒后喜欢家暴她。每次丈夫都把她打得遍体鳞伤，她不知道未来的路该怎么走，和沐晨老师做了个案沟通。老师分别与婷婷、婷婷老公做了两次电话心理咨询，了解具体的情况，打开双方的心结，让他们能够拥有美好的生活。

沐晨老师与婷婷的第一次沟通（删减版）

老师：婷婷，你好。

婷婷：老师，您好。我和我老公这几天都在群里听您的课，感触很深。我一直想让我老公报一个个案，否则我们俩的婚姻就没办法挽回了，后来他同意了，所以，我们现在才有机会和老师连接。

老师：好的，和我讲讲你们是什么情况？最近一次发生矛盾是什么时候？起因是什么？

婷婷：我和我老公最近一次发生矛盾是这个月19号。原因是他老把我想得太龌龊，总怕失去我，对我太在乎。

老师：就是对你没有安全感。

婷婷：我们俩这次吵架，是因为他不让我和我闺蜜一起玩，他说人家作风不好，和别人出轨。其实，我闺蜜的情况比较特殊，她老公先出轨，她特别地焦虑，自己带着孩子，老公也不给钱花。后来慢慢地她也对她老公失去了信心，遇到一个对她特别好的人，然后就有外遇了。但是，我老公不让我和她玩，怕我跟她学坏了。

老师：你和她的关系怎样？给你带来的力量大吗？

婷婷：我们关系很好。我们是感情很深的朋友，不是那种饭局朋友。她其实给我带来很大的力量，她在背后为我付出很多，帮我带孩子，帮我做饭。在我生意周转不开的时候，她也想办法帮我处理。但是，我们从不讨论个人感情。她不说，我也不问。

老师：你老公不想让你跟她来往，所以你们在争吵的过程中，发生了冲突，是不是这样？

婷婷：对，我老公疑心比较重。我们是做装修的，因为我老公嘴比较笨，不太会说话，接活一般都是我在联系。人家当他面夸我能干的时候，他就感觉自己很无能，有时候喝醉酒后就找我麻烦，说你很厉害啊，我不如你啊，别人都惦记你呢……

老师：嗯，他会比较自卑。

婷婷：11月19日那天，他又对我动手了，而且把我打得特别惨，比上次还要严重，我承受不住了，当时我就想这个婚姻无论如何我都经营不下去了。

我就和他说，我们和平分手吧，好聚好散，不要互相伤害。但是他很极端，他那天喝了酒，说如果我和他离婚，他就自残报复，还会动我的家人。

老师：嗯，你能不能简单还原一下当时那个场景？

婷婷：其实在19号晚上之前，我们已经吵了好几架了，因为他经常喝酒，一天喝两顿，喝完酒就没法好好干活，所有的活都得我去处理。

17号我给他打电话，问他干吗呢？他说他还在喝酒，我就带着工人先去干活了。后来，我又打电话问他，我带客户去看装修，有一些已经装修好的地方为什么会有碰坏，他说他不知道。结果，他在电话里张口就骂我，骂得特别难听，我就没理他，我说你喝多了，回家睡觉吧。他不听，一直骂着脏话，我就把电话挂了。后来，他又打过来骂我，不停地骂，不停地骂，一大堆脏话。我和他说，我正带客户呢，有什么问题我回去再沟通。

我当时没理他，回老家陪我婆婆待了两天。后来他又打电话说我，说我做指甲、弄头发，都是为了勾引男人。

老师：嗯。

婷婷：后来我们又在电话里吵架，我被气得直哭。我的两个闺蜜开导我，陪着我去永城，看项目的装修进度。他打电话我也没接。我打过去，他就骂我死哪去了，不接他电话，又怀疑我在外面勾引男人，就是一直对我不信任，不放心。

老师：嗯，那天打完架之后，你俩现在和好了吗？还是僵持到现在？

婷婷：19号晚上，我回家，他喝酒喝醉了，动手把我打得半死，我到现在浑身都是伤，不戴口罩都没法出门。

后来，我哥听说我被打了，就带着一帮亲戚赶到我们家，问了我原因，见我被他打成这样，就上去给了他一巴掌。当时他也火了，冲到厨房抓起一把菜刀，指着我哥，要和我哥单挑，一命搏一命。

老师： 嗯。就是这么极端。那现在他跟你哥和好了没？

婷婷： 这两天，我们听了你的课，我老公的脾气好了很多。我哥之前也在我们这边做生意，因为和我老公生气，就想搬走。

昨天晚上他主动去我哥家里，给我哥赔礼道歉，求再给他一次机会。

我哥说，你们这么多年经常吵架，打得头破血流，还不如离婚好聚好散。他不同意，还威胁我说，我不好过，你也别想好过，你们一家人也别想好过。然后，他就把我哥的店都砸了。我哥就不肯原谅，非让我和他离婚。

我现在也很担心，孩子吓得都不敢回家。在这样的成长环境下，我怕会毁了孩子。我其实不想和他过了，后来闺蜜劝我，到您这边做个个案，听听您的想法。

老师： 我是这样看待这个问题的。他的犯错成本太低了，骂了你打了你，事后认个错，道个歉，这个事情轻而易举地就过去了。所以，这么多年，你们之间一直就是这种模式。

他今天把你打了，打得再严重，明天醒来的时候，你就要跟他和好。

婷婷： 嗯，他这种道歉的成本太低了。

老师： 成本太低了会导致什么？它会导致事情一步一步变得更加严重。以至于，对你做了很大的伤害之后，他自己都不以为然，这是一件特别要命的事情。

很多能量很高的女性，家暴这种事情发生第一次，就永远都不会有第二次了。她们会选择离婚或者其他方式彻底地解决。

当一个男人遇到他非常在意的女性，发生第一次家暴之后，就不会再发生第二次，因为智慧的女性会让他深刻地认识到：如果有第二次，就意味着永远地失去。你现在的想法是不是，如果他能改，你们的婚姻就能继续？

婷婷： 对。因为我担心离婚会对孩子造成伤害。

老师： 其实你要走出一个误区，并不是你们俩在一起，孩子就不会受到伤害。你们俩天天这样吵架，这样的伤害程度，比你一个人带孩子的伤害程度要大很多。即使是单亲家庭，培养出来的孩子性格也是可以很好的。

婷婷： 嗯，家里没有战争，孩子的伤害会更小。

老师： 嗯，不是所有的分开都会带来灾难性的创伤。有的孩子大了，会直接鼓励家长，你们干脆分开吧，因为这种伤害太大了。

婷婷：我也想过这个问题，他第一次对我动手的时候，我就说了，咱俩分开吧，但是他用的方法太极端了，他会自残，他会报复我家里人。

老师：你现在不是要和他谈，而是要和自己谈。因为从你的话语中，可以看出，你是一个没有自我的人。不管你嘴上怎么说，你的潜意识里其实是一种无能力离开的状态，你在内心还是希望能和他一起生活。

但，即便你俩在一起生活，你也需要内心真正的独立。只有你内心真正的独立，你才有真正的家庭人格。当你有真正的家庭人格，你要离开的时候，他才能真正地从内心产生恐惧。

而且，你要相信，现在是法治社会，如果他真要做出伤害你、伤害你家人的事情，法律是不会放过他的。

所以，你要从这个思想漩涡中走出来。只有你走出来，才能获得真正的婚姻自由。

你所遇到的问题，不是他今天给你道个歉，你给他一个机会；明天他给你写个保证书，你再给个机会，这样的问题就解决了。

不是老师鼓励你们分开，而是要告诉你，你要真正地从心底强大起来，你能明白老师的意思吗?

婷婷：嗯，我明白。

老师：咱们不是生活在旧社会，咱们是新时代的女性，身体健健康康，自己又很能干，完全可以独立生活。你觉得孩子每天看到这些，她能不受伤害吗?

你要想过好，要想孩子不受伤害，你自己要强大起来，提升自己的智慧，提高自己的敏锐度和界限感。你的内心不能依附在别人身上，否则你一辈子都会生活在这种痛苦的轮回之中。

所以，首先你要内观，你自己内心没有独立的人格，这是你的症结所在，你自己太没有主见了。

智慧的女性遇到这样的问题，不会去做什么生意、看什么装修进度，这些都是在逃避。这个时候，自由最重要。

而你遇到老公对你的家暴，你想到的是和你的老公，你的施暴者去商量，婚姻怎么继续下去，这是你的惯性思维。

你要自己想明白，自己要有能力做决定，这个婚姻是由我自己来做主的，而不是别人的威胁、逼迫或者示好，我就会顺从的。

以上是我说的第一点，你要充分地和你自己沟通。只有你自己有这个力量，老师才能更好地支持到你，你老公才能真正地脱胎换骨。

否则，我去调整他，他会从心里觉得，我老婆很容易对付，我打她一顿，明天我赔礼道歉，还能过。如果他有这样的念头，我们调整起来就会非常非常地困难。

所以，你自己首先要拥有自己的界限感，你要有底线。否则，老师对你的帮助不大。

婷婷：嗯，我懂了。

老师：去年年初，我们有一个学员也是被老公家暴，被打得很严重。向老师求助，我实在看不下去了，就说，你孩子现在才十来岁，你三天两头被打。我劝她先离开一段时间，她按照我的意见来做，离开了家，她老公当时特别地抓狂。

我当时给她老公做了11次个案，她老公被调整地特别透彻之后，我才告诉他，他老婆在哪里。后来，他去见他老婆的时候，真的是双膝下跪，彻底感悟。他们到现在一年多了，感情都特别好，没有再发生家暴的事情。

这个女生当时的状况和你很相似，我和她说，如果你内心不笃定，没有力量，老师也不能全然地帮到你。你要做一个决定，如果这次他不能真正地调整，不能脱胎换骨地改正，你就不要和他一起生活了。天地这么大，哪里没有你的栖身之处呢？

正是她带着这样一种信念，她老公才看到她真正的坚定，才有了后面的成功治愈。她老公现在也在跟我学习。他通过学习，了解到自己的劣根性，了解到他曾经对家人的伤害，他现在精进得非常好，不喝酒、不吃荤腥，心性方面完全像换了一个人。

你这辈子给自己选了一个大课题，如果你能从里边走出来，你这辈子就会有大的成就。如果你走不出来，你一辈子就会在里边内耗下去。

所以我说，你自己得先有力量理解老师的意思。

婷婷：理解了。

老师：一定要走出原有的误区：不管他对我怎么样，我都会为了孩子保全这个家。

当一个人的魔性上来，哪还有家啊？有爱才有家，没有爱就没有家。当你的家没有爱的时候，只是个空壳，孩子在房间里也毫无意义。

别看你在外边叱咤风云，其实你特别没有安全感。没有安全感，你就没有能力真正地离开，或者是你已经习惯了现在这种相处方式。这个非常可怕，你必须从这里边跳出来。

婷婷：其实我也有这个想法。我报个案就是想和老师好好谈谈，我的下半生到底想要什么？我接下来的路到底该怎么走？他今天回来，我和他说了，我说你这一次把我打成这个样子，我不可能原谅你的。等我真正下定决心的时候，我让你永远都找不到我。我就这样跟他说的，这一次他也是跪着求我，说自己再也不打我了，要永远对我好。但是现在他已经感动不了我了。

老师：嗯，你觉得他这次下跪也好，自残也罢，能保持多长时间？或者能不能对他的行为有根本性的改变？

婷婷：老师，我感觉如果我不找你给他做个案疗愈的话，他还会和以前一样。

做这个个案不管对他改变有多大，即使有一天我离开了，我也希望他好起来，毕竟他是孩子的爸爸。

刚才听了您的话，有一句话我非常认同。我的心要自由，要跳开现在的环境。如果我不受他控制了，我的心就自由了。

我就想如果不是因为我做的是装修公司，这边所有活都是我签订的合同，我可能早就离开了。因为如果这个工期完不成，我要负法律责任。现在是有这个因素牵绊着我，我没办法。不是他绊着我，而是我现在的生意绊着我。

老师：你现在生意的进度怎么样了？

婷婷：现在有十几家的装修都已经签了合同。总体进度大概在60%，我要在两个月内把活全干完。否则，不论我走到哪里，这些业主都要起诉我的。

老师：嗯，那你的孩子多大？

婷婷：小女儿5岁多，我和前夫还有一个儿子，他对我前夫的儿子挺好的。

平时换季的时候，他会给我钱，让我带着儿子去买些衣服。这一点他做得还不错。

老师：是不是感觉他对你妈妈也特别好？

婷婷：是的，他对我妈妈就跟对他妈妈一样。我有时候太忙，不能回去，一两个月也回不去一次，他就给我妈打电话聊天。还和我说，媳妇，你给妈转点钱，让妈自己想吃啥买啥。每次我们回去，他都会给我妈买很多好东西。临走时，还会偷偷在我妈的枕头下面塞1000元钱。

老师：那对你来说，每次发生家暴的源头，就是他的猜疑。

婷婷：对，他太在乎我了，老怕失去我。我的性格大大咧咧，在外面也有很多异性朋友，时间久了，他就会想，我是不是和别人好了。他就是太在乎我了。

老师：不是的。他不是太在乎你了，他是要牢牢地控制你。你要清楚地知道，一个男人真的太在乎一个女人，或者太爱一个女人，他不会去伤害她的，在乎和控制，这是俩概念。

所以，你要从现在的状况中走出来，当下没有爱，只有控制，赤裸裸的控制。

为什么我们要把这点搞清楚，你们这么多年一直发生争吵、家暴，始终不分开的原因，是因为你潜意识一直在找不离婚的理由，他对我妈非常好，他对孩子也非常好，甚至对我前夫的孩子也非常好，就是猜忌这一点不好，这是因为他太在乎我。这就形成了你的一套逻辑。

如果他真的在乎你，他不会动你一根手指头。什么叫“在乎”，你真正地懂得这个词，你就真正有力量。

他为什么有这么强的控制欲，他的问题一定与原生家庭有关。你能说说他的原生家庭吗？

婷婷：他兄弟姐妹很多，他是家中的老二。他爸爸妈妈比较忙，都没有管过他，他从小就跟着奶奶一起生活，是奶奶把他带大的。所以，他从小脾气就怪怪的，连他妈妈、兄弟姐妹都这样说。

比如他什么事情吃亏了，就会一直记着这个仇。或许一两个月之后，他瞅着机会，会去找别人麻烦，把别人偷打一顿。

老师：那他小时候爸妈是怎么对待他的呢?

婷婷：我不知道。他妈妈这个人没心没肺，喜欢骂人，不怎么疼孩子，小时候对他伤害比较大。他爸爸从来没打过他，也没骂过他。

老师：他现在跟他爸妈的关系怎么样?

婷婷：他爸爸不在了，他跟他妈妈关系不好，一直都不好。他妈妈爱骂人，不怎么跟人沟通，他妈妈对他奶奶也不好，经常骂他奶奶。

老师：所以你发现你老公说话也容易爆粗口，是吧?

婷婷：是的，我觉得都是我婆婆造成的。其实，他平时也不这样，就是在喝酒的时候，他会爆发出来。

老师，我和我老公都是重组家庭，他之前也是结过婚的。我听说，他对他的前妻也家暴，打得特别严重。

我比他年轻，他比我大十五六岁，可以说没有安全感。但是他的前妻和他同龄，长得不好看，个子还特别矮，他也没有安全感，也是一样的家暴。我感觉是以前养成的习惯。

老师：他的内心缺失特别严重，极其匮乏，没有安全感。而且，这个人还很极端。

婷婷：对。他的自尊心特别强，特别好面子，我说面子是世界上最廉价的东西，一文都不值，但是他听不进去。

老师：你现在想一想，如果你们俩发生一些不愉快，你能够比较智慧地跟他沟通的话，你觉得这个局面会不会有好转?

婷婷：会。他也能听进去。

老师：是不是有的时候你们发生矛盾，就是话赶话顶到那儿的，当时你说话也很难听，才导致他的失控，他的爆发?

婷婷：嗯。

老师：这里有个处理矛盾的方法问题。当两个人发生矛盾时，如果再进一步，会激化矛盾。智慧的女性会选择先搁置矛盾。比如老公觉得我现在有错，那好，咱们先调整调整，该吃吃，该喝喝。酒足饭饱之后，咱们有体力接着谈这个事情。这样可能会化解，减少极端行为的产生。

监狱里，很多打架斗殴的劳改犯，不是预谋犯罪，而是激情犯罪，就是在打架的时候，情绪失控了，犯了罪。

如果一个人情绪已经上头了，我们再不断地去激怒他，他就很容易产生这种极端的行为，对我们造成伤害。

所以我们要学会成长，转念，学会智慧地化解，你要知道什么时候你置身在一个非常危险的环境里。当他脾气上来的时候，他的魔性就释放了，我们不能和他一起处于情绪里，要错开情绪的高峰期。

当你能智慧地去化解，你才会发现有驾驭他的可能。在这个过程中，我会帮你去寻找他身上这些致命的东西。

在这个过程中，你要提升智慧，从你的内心中破除很多观念。比如刚才他对你家里人很好，对你很在乎，其实他是在不断地给你催眠，他太在乎你了，他怕失去你。你就要破除这个念，他不是在乎你，他这是一种控制欲，跟他在不在乎你是两回事。

你觉得他和前妻在一起的时候，三天两头打一顿。和我在一起的时候，半年才打我一次，我觉得我过得比他前妻要强。这是一个非常可怕的信号，你应该一辈子不挨打，不是说半年才打你一回。在这个法制的社会，谁动手打人都是要判刑的。

婷婷：理解，就是要破除观念。

老师：就是要告诉自己，我这一辈子永远不可能再经受家暴这样的事。

我们要破除的第三个念，我们为了孩子不离婚，具体要看这个人是什么样的人。如果有家暴的事情出现，孩子的伤害会更严重。

接下来，老师跟你慢慢地连接，下次沟通的时候，老师会给你做一个你自己的清晰的梳理和规划。无论你跟他在一起也好，自己独立也罢，你都要有你自己清晰的规划。

另外，对你老公，你要多鼓励鼓励他。他这样的人在爱的路上太匮乏了，特别渴望被看见，特别想证明自己。你每一次赞美、每一次鼓励，都会让他从不安全感中剥离出来。他感到安全了，也就不会去控制你了。

比如你们和别人谈个项目，人家在你老公面前夸你真能干的时候，你要补充一句："其实你还不知道，我这点本事都是我老公教的。我老公比我能干多了，他是我们家掌柜的。"你在他面前这样表达，会让他有足足的安全感，他也会慢慢地不去控制你。

就这样的一句话，他的不安全心理马上就破除了。这叫什么，这叫示弱。只有真正会示弱的人，才是一个强大的人。

你这样不断鼓励，也会让他像男人一样真正地站起来。他如果站不起来，就会天天找你的事儿。如果他站起来了，你就大树底下好乘凉。这样，你的婚姻就有曙光。当然，不管你们今后怎样，你还是希望他能够真正地站起来，对吧？

婷婷：好的，老师，我记住了。

老师：那我们今天就这样，下次再聊。

婷婷：好的，谢谢老师。

沐晨老师与婷婷的第二次沟通（删减版）

老师：你好，婷婷。

婷婷：您好，老师。

老师：问题有没有得到解决？

婷婷：我发现他这个人，不一定能真正地走出来，可能他的那种性格从小就养成了。现在跟以前一样，脾气还是时不时会暴发。我现在就想解脱我自己，不想再受这种影响了。听了您的课之后，我感觉我自己已经成长了，我想努力保护好我自己，我的孩子和我的家人。

老师：非常好，然后呢？

婷婷：前两天，他妈妈跟他闹了些别扭。他妈妈就像泼妇，骂人特别难听，连我女儿都一起骂。因为跟我没关系，我就劝他不要和他妈妈吵架，结果他连我一块骂，我感觉在这种家庭里我都快崩溃了。

我和他妈妈说，您老人家这么大年龄，您不能因为儿子说您两句，您就这样骂。我说您要骂的话，您骂你儿子可以，您孙女没得罪您，您不能连我们都一块儿骂。我说我哪里对不起您了，您吃的用的所有的东西都是我给您买的，我没做对不起您的事吧？

她说她骂她儿子，她没有骂我，儿子是她生的，她想怎么骂就怎么骂，然后还不停地骂我。她这样，让我很崩溃。

我说那您回老家骂去吧，我受不了。我说这个家是我的，家里的一切都是我购置的，房子也是我装修的，吃的喝的用的，连您睡的床，穿的衣服都是我买的，您在这也不愉快，您也有您的家，您就回您家住吧。作为儿媳妇，我该做的，我会做到，我该花的钱，我也会给您，但是我不想跟您住一块，我不想听您骂了。之后几天我都没和她说话。

昨天是她70岁生日，我想她都那么大岁数了，我也不想跟她一般见识，我给她买了生日蛋糕，买了几样小菜。然而，她把我买的东西扔出来了，说她不吃。

老师，您知道吗，当时我心里面有多绝望？

老师：在这整个过程中，你老公对这件事是什么态度？

婷婷：昨天晚上，我跟他说，他说他也没办法。

老师：那现在你跟你婆婆住在一起吗？

婷婷：没住在一起。回老家的时候，我们也是住在我家里。

老师：你婆婆原来也是这样对你吗？

婷婷：嗯，她一直都是那种人，她不管对我，还是对其他人，都是这种态度。她不管孩子，也不管孙子孙女，和谁的关系都一般。平时在老家和我老公弟弟弟媳住得比较近，跟他们的关系也一般。

老师：这个老太太是不是很强势？

婷婷：不强势，是属于那种很木讷的人，总是爱骂人，一直都活在她的世界里，对什么都不管不问。

老师：你老公小时候，你婆婆对他也是这样的吗？

婷婷：我老公从小是奶奶带大的，但是她妈妈和她奶奶经常吵架，给他留下了心理阴影。所以，他从小也特别喜欢骂人。

我孩子看到我老公打我，现在都不愿意回家，平时就住在老家我妈那里。今天早上我和她视频，孩子说妈妈我想你了，你过来看我。我说妈妈也想你，去接你好不好？孩子说，不回去，你和爸爸会吵架，我害怕。

我现在通过学习也有了一些觉醒，想更好地活出来。因为现在的生活，我实在太累了，真的太累了。

老师：最近你觉得你老公这边有没有变化？

婷婷：有点变化，但我感觉不会持续太久，毕竟他的性格在那放着呢。

老师：老师再帮你继续梳理，你老公现在之所以说话难听，喝酒之后就骂人，主要还是因为从小被他妈妈同化的原因。相对于你的原生家庭比较文明，你老公从出生那天开始就天天挨骂，所以他不觉得骂人和被骂是多大的事情，在这方面，他已经中毒很深了。

现在，你每天和你婆婆、老公生活在一起觉得很累，觉得天都要塌了，我有两个建议：第一，把老太太送走，只有你和你老公生活的话，家庭关系会变得简单。第二，和孩子一起远离现在这个环境。你们家为什么总发生战争？婆媳之间、你和老公之间，都有战争。如果你能稍微灵活一些，你俩就会减少很多的争吵。

但一旦陷入情绪里，你就知道你老公的兽性就又出来了，你就会处于非常危险的境地。

在生活中不与任何人纠缠，就是你的智慧，你的城府。

每个人都有两面，善良的一面，邪恶的一面。夫妻之间修的是什么？修的就是努力把你正直善良温柔的一面呈现出来，而不是两个人不断地去激发对方邪恶的一面、愤怒的一面、咆哮的一面。

每个人来到这个世界上，都是来扛责任的。你来到这个家庭，你就要考虑怎么去调整他们。

他喜欢骂人、打人，那是从小原生家庭影响的结果。如果我能把他调整好，那是我能力的提升。如果改变不了他，我们看看能不能接纳。我们努力提升智慧的目的，就是把他善的一面激发出来。

在这个过程中，不要陷入情绪，要跳脱出来，不纠缠其中。你人生的上半场付出的最大代价就是你陷在这种情绪的纠缠中。对待老人也一样，老人骂人是造孽，你仍旧善待她是积福。

照顾老人的过程是一场修行，因为她让你看到了痛苦、看到了烦恼，也让你得到了成长。如果你能善待你婆婆，你就去照顾她。如果你感觉你做不到，你就远离她，远离这种纠缠。

我说这些你能理解吗？

婷婷：能理解。

老师：调整你老公，除了老师与你老公的连接以外，你也要积极地配合。比如，他在我们课堂上学习的过程中，你需要鼓励他，说："老公，我发现这些年我从来没有见到你这么认真，我觉得真的特别好，我觉得这样下去，咱们两个特别有希望能够和谐相处，白头偕老。咱们从今天开始，今后不动口也不动手，好不好啊？我原来有做得不对的地方，有伤害到你的地方，我给你道歉。"

你都不用说："你做得不好，你给我道歉"这句话。当你对他的鼓励足够多的时候，他也会慢慢地回过头来。

所以老师说冲动是魔鬼，我们从现在开始，我们也不拿语言激怒他，也不陷入到这个事情里。你做得不对的地方你给他道歉，你去积极地建设你们的家庭。

婷婷，莲花出自淤泥，成长出于困苦。你的老公，你婆婆就是你成长路上的淤泥。当你真正提升智慧，更有能量的时候，你的内心会充满感激，会感恩遇到的苦难磨练了你的心性，你也会不再拥有这种情感的痛苦纠缠，你会如此地平静，如此地喜悦，充满祝福地看待这个世界。到那个时候，你就进入生命层次的下一个阶段，成为一个真正独立的你，活得透彻，来去自如。

你能理解老师的意思吗?

婷婷：能理解。

老师：另外，我觉得你们现在的生活对孩子也不好。很多失败的婚姻，给孩子今后成长带来无尽的痛苦。孩子天天在你们的战争中成长，长大以后，她会告诉你，妈妈，我这辈子都不结婚。因为，我对婚姻没有信心。

因为孩子不知道幸福的家庭是什么样的，没有人教她什么叫平和地沟通，什么叫赏识，什么叫鼓励，她不知道。所以孩子的情感方面就很容易走弯路，性格也容易变得极端。

你要想更好地去爱孩子，首先我们自己要保持内心的平和，对待老公，我有能力我就帮他，没有能力我也接纳，我也不烦恼。你平和了之后，你老公想和你吵架，发现根本就吵不起来了，这样他也就平和了，你们的夫妻关系会越来越和谐。

然后与孩子平和地连接，鼓励赏识孩子，让孩子在妈妈身上看到什么是尊重，什么是沟通，什么是平和的生活，什么叫不动情绪，什么叫温柔而坚定。这样会给孩子更多的安全感，让孩子的心理能够健康地成长。

好的，这就是我今天的建议，你总结一下吧，你今天最大的收获是什么？下一步你有哪些想要践行的地方。

婷婷：改变自己，遇到事情，冷静处理。就像老师说的，可以当做没发生，我可以把厌烦的人和事当作空气，我该干吗干吗。

老师：对。还有呢？

婷婷：我以后面对老公也这样，我感觉他能改变的话，我就好好地开导他，安慰他；就算他不能改变，我也不会用极端的方式去激怒他。

老师：非常好，还有呢？

婷婷：我要修炼我自己，什么时候感觉我自己的内心已经特别平静了，或者感觉这个家对我已经没有任何值得依恋的地方了，我就选择很轻松地离开，我该做的我已经做了，该付出的也付出了，没有什么遗憾了。

老师：那个时候，你也不会被恐吓被威胁，因为你有足够的力量，就像我刚才说的来去自由。

你在这种家庭中要以假修真，能修出来咱们这个家的大圆满。万一修不出来，我也可以走，我也不要让自己和孩子受伤害。

接下来，你也不用担心，我也会和你的老公做连接，看看能不能把他的魔性剔除一些。

婷婷：谢谢老师，我在您这收获非常大。对我个人成长、夫妻感情，对我的事业和孩子教育都有很大的帮助。感谢老师。

老师：好的，那我们今天就先到这，拜拜。

婷婷：老师拜拜。

沐晨老师与婷婷老公的第一次电话沟通（删减版）

老师： 听说你们又发生矛盾了？因为什么呀？

婷婷老公： 她前几天回老家，回来的时候和我说，晚上有朋友从山东过来玩，让我帮忙订酒店和饭店。等到晚上十点多，她的女朋友和女朋友的男朋友才到，她陪着他们吃饭。我因为太困了就回家睡觉了，没陪她们。她晚上回来的时候就没给我好脸色。

老师： 嗯。

婷婷老公： 第二天一早，她又陪他们去另一个地方逛街，下午四五点钟才回家，回来的时候她没带钥匙，给我打电话的时候，我正在睡觉没听见就没及时给她开门。她回来就冲我撒气，说我故意不给她开门，她朋友来了，我也不去招呼。我说她的这个女朋友来几次，每次都带不同的男朋友来，感觉这个女朋友不正经，我让她少跟这种人接触。她就说我管着她，约束她。

老师： 嗯。

婷婷老公： 我们两个人，我比她大15岁。一个70后，一个90后，想法肯定不一样。在她看来是约束，在我看来是关心。

我真的很关心她，她想做的事情，喜欢做的事情，只要是正确的，我都支持。她需要钱，我不管有没有钱，都会想办法。我问问她朋友、问问她同事，她就说我管得太宽了，我想把她拴到裤腰带上。她就老是这样的想法。

那天晚上，我们拌了几句嘴，我就动手打了她。她就给她闺蜜打电话，她闺蜜来了之后，看了她的伤，就说要去派出所，要报警。她们就走了。

现在已经第五天了，她不回家，打电话也不接，发微信也不回，一直带着闺女在外边。现在在哪里我都不知道。

老师： 你们每次发生矛盾时，你怎么还动手呢？

婷婷老公：动手是我的错，我也不替自己辩解。当时，两个人吵架，情绪上来，我没控制住，就动了手。

老师：我和婷婷连接过2次，我大体知道你们的情况。对你本人，我也能理解。你比她大15岁，年龄的差距会产生行为方式的代沟。

家庭中两个人发生矛盾是正常的，但是你致命的地方是，两个人吵架可以，但是你不能动手。

婷婷老公：那天晚上，我就像中邪了一样，我也不知道怎么回事，就拿钢管打了她。

老师：你很多时候情绪是失控的，导致你做完之后，自己都想象不到。如果你做事情总是失控，她能不害怕吗？就算她打心眼里想跟你过好日子，但是她也恐惧，也害怕，一直就想往外逃。

婷婷老公：是。

老师：天底下两口子没有不吵架的。但是吵架咱不怕，有的夫妻越吵架感情越好，为什么呢？因为人家吵完架之后能和解，能沟通，人家永远不会动手。

尤其女性是弱者，你作为男人动手打人，到哪里都说不过去。别说你拿着钢管，就是你徒手也占不到礼。咱们过日子，能过就好好过。如果不能过，就和平分手，千万不能动手。你这样，感情就会越来越淡，关键她现在还怕你。

婷婷老公：是。

老师：现在女性的意识已经觉醒了，不是几十年前新中国刚解放时候的女性了。现在的自媒体这么发达，如果她在媒体上一发布消息，谁都会同情弱者。我很理解你，老婆形象好，又比你年轻十几岁，还特别能干。家里有这样一个老婆，每个男人都会有些顾虑，这是男人的天性。但是，如果她觉得受到深深的控制，不管你怎么认为，她的感觉一定是对的，所以她才想着逃离。这就好比一把沙子，你攥在手里越紧，它流失得就越快。如果你捧在手心里，它才会留下更多。

人家当时死心塌地嫁给你，不图你腰缠万贯、不图你财大气粗。你就应该哄着，给人家更多的爱，疼她还来不及呢，怎么能动手呢。

现在人家也没做出格的事情，就算人家出轨了，咱们的日子过不成了，咱们和平分手就好了，也不能动手。

你把人家打得下不了床，人家父母怎么想？对孩子的影响也不好啊。

你们本该把小日子过得红红火火，结果你现在一动手，两人的信任基础都没有了。

婷婷老公：是。那天我也不知道怎么回事，就像中邪了一样。

老师：你这个叫心魔，心魔唯有通过学习，才能真正地成长。通过学习，能让你越来越安静，越来越喜悦，越来越懂得爱。

所以人家讲爱是什么？爱是你不求回报地给予。

我不求什么，我就是对你好，你会发现她一辈子都不愿意离开你。因为她在你身上感觉到了爱。

如果她在你身上感受到的是恐惧，是害怕。你想想她还敢在你身边陪着你吗？

婷婷老公：是。

老师：我觉得你们折腾这几年啊，她对你的确也够可以的。很多厉害的女性，你敢动手试试。如果婷婷是那样的女性，要不你们早就和好了，要不你们日子早就过不下去了。

人家给你生了孩子，还没日没夜地做生意，就想着多赚点钱，是真的死心塌地地跟你过日子。你想想，如果这个媳妇跑了，你再找一个，你还是经常动手打人，别人能跟你过几天？

婷婷老公：是。

老师：你的心魔跟你的成长环境有很大关系。你的原生家庭应该是一个很畸形的原生家庭，才会导致你经常失控，把家暴当作一种情绪的发泄方式。

老师给你的解药就是唯有破解，你的爱人什么时候放下对你的恐惧，你们的婚姻才能继续。如果她一直处于害怕之中，你们的婚姻也就到头了。

婷婷老公：是。

老师：你现在首先要做的事情，就是立刻停止对人家的辱骂、威胁和利诱，否则会让你在她心里仅存的好感也消失掉。你要安静地反思成长，这段时间先不要给她发微信、打电话，否则会让你们的关系越来越糟糕。

你可以这样想：我就守好我这个家，把我现在的活干好。等爱人回来的时候，让她看到一个全新的我。

为什么老师和你说要平和地修正自己，多和老师做连接呢？因为在这个世界上，唯有爱能化解一切。你如果真的想对你老婆好，你应该在生活中多担待一些，让她少操点心，这是你对她的爱。

夫妻二人，也要给彼此空间。她和朋友逛逛街，与朋友聚聚会，这些都无可厚非。

老师也认识她这么久，相信我们都了解她，她做事情有底线，不会做出格的事情。

当你对她表达爱的宽容，既像丈夫，又像大哥一样温暖通透，她才能找到家的感觉。情绪是你最大的敌人，你要学会面对你的情绪，掌控你的情绪，你的这个家才能够挽救回来。

婷婷老公：是的。

老师：另外，你们还有孩子。你要多为孩子考虑。你想，孩子天天看她妈妈挨打，孩子长大会怎样？

如果孩子今后长大找对象，也找到和你一样犯浑的，经常挨打，是你愿意看到的结果吗？什么样的原生家庭，就会造就什么样的性格。我听婷婷说你以前还有一段婚姻是吧？

婷婷老公：我之前有段婚姻，七年前离婚了。

老师：那你对以前的老婆，也经常动手吗？

婷婷老公：也经常动手。

老师：你看，这就不能说都是别人的问题。那你和前妻的孩子关系怎么样？

婷婷老公：我儿子今天大四了，和他妈妈一起生活。我们的关系很不好，走到街上碰见都不说话。

老师：嗯，其实上一段婚姻失败，包括和你儿子的关系不好，都与你家暴有关。

你知道吗，2015年我国发布了《中华人民共和国反家庭暴力法》，对家暴行为进行立法。你动手打人家不仅仅要接受道德层面的谴责，严重的还要接受法律的制裁。像你这种情况，如果婷婷借着这件事去起诉你，你可以被判处三年以下有期徒刑。所以，今后真的不能再动手了，动手就是触犯法律了。

昨天，婷婷给我发消息说，她已经不想和你继续过下去了。我说你们要积极地调整才能更好地走下去。她说，老师，我一点儿信心都没有。这是因为，这么多年她身上受了无数的伤，心里也受了无数的伤。她现在处于深深的恐惧之中，如果和你在一起，怕你哪天就把她打死了。再加上你这段时间不断打电话威胁她、辱骂她，她就想马上和你一刀两断。

所以，我才和你说，这段时间，你先不要联系她，让她安静一下，给她自我疗愈的机会。如果你真想挽救你的家庭，唯有好好学习这一条路。

你要是再释放这种魔性情绪，谁跟你都过不了。到时候，你喜欢家暴的事情传得十里八村的都知道，你还怎么立足呢？

所以你要去修你这条心，做一个真正平和的人。真正地去接纳，才能迎来你美好的情感生活。

婷婷老公：嗯（有些抽泣）。

老师：老话说放下屠刀，立地成佛。这就说明我们的心性中，有再多的魔性都不怕，一旦你能看见自己的这种行为，那就是你真正和解的开始。

你只要能够跟自我的这种情绪和解，你就会拥有能力去迎接所有的美好。所以，坚定信心，别觉得我自己几十岁了，习惯和心性改不了了。

你把一个喝酒的人带到戒酒的地方，会发现一段时间过去了，他仍然改变不了。但是你带他真正地去修行，他的意志力会变得特别强大，就能做到滴酒不沾。因为他的意志深入到了骨髓。所以每个人都有很好的改变的机会，只要我们自己坚定信心。

老师觉得你在日常生活中，人缘其实挺好的，唯独面对你老婆的时候，你就控制不住脾气。

你想想，如果这个习性不改，不但你的老婆，你的女儿、儿子都不敢跟你亲近，当你晚年生病的时候，谁在你床边端茶倒水伺候你呢？如果真到那个地步，你活成孤家寡人，不是人生最大的遗憾吗？

所以，这个改变一定不是因为婷婷，而是为了你自己。

通过对你的了解，原生家庭几种伤害方式在你身上全都有，语言的伤害你有吧？情绪的伤害你有吧？肢体的伤害你有吧？你什么时候把这些调整了，首先受益的是你自己。你不会感觉到人格的分裂，你每天都会开开心心，心情舒畅，身体也会更加健康。

当然，未来你要走的路还很长，你要学会察觉自己的情绪，不能让自己成为情绪的傀儡，一旦不随我心，我就特别生气。如果你一直极端地走下去，后果不堪设想。

我给你推荐几本书的音频，你可以直接在手机上听。这些课会告诉你怎样重新喜悦起来，而且永远不动粗。这样她会看到你最近的变化，女人都是感性的。通过这种变化，她能从心底里感受到你脱胎换骨的变化。脱胎换骨之后，大家一切归零。婷婷现在和我连接得很紧密，她身上优点很多，能干、有责任心，有一个长期的学习计划，非常好。

婷婷老公：我承认这一点，我有时就是控制不住自己，不知道怎么就动手。

老师：这是你的习性。你想，如果你和世界拳王泰森一起生活，你敢对他动手吗？肯定不敢。那为什么你会对你老婆动手，因为她是弱者。面对弱者，你就释放自己的魔性，不控制自己的脾气，这就是你的习性。

我们要感恩这个缘分，7年前，你有幸娶了她，她比你小15岁，无怨无悔地为这个家庭付出，还给你生了孩子。现在这份缘分到了转折点，她已经被你打怕了，你越想控制，她就越想逃走。控制只会让人远离，爱才会让人吸引。

你想想这句话对不对？

婷婷老公：对。

老师：你要修炼这样的心念，如果婷婷回来，我就和她好好过日子，不使用暴力，只用心去爱她。如果婷婷不回来，我也祝福她，毕竟她是你孩子的妈妈。

你现在调整一切还都有机会。但是，学习的路为什么艰难，因为去除心魔，叫“病去如抽丝”，需要层层剥茧，需要扒你一层皮。一旦你把自己的频率调整过来，身体的能量会非常非常大。这个能量无论是对你的家庭、事业、婚姻，还是对你自己的身体健康都有极大的帮助。学习能让我们永远保持一颗平和的心，永远保持正信正念。

我和任何人讲话，我不动情绪，我不爆粗口，我能带着爱去连接。修炼到一定等级的时候，我还能帮她一起看见问题的真相。我自己也会幸福地乐在其中。

学习会让我们增长智慧，今后你还可以和你的儿子建立连接的通道，弥补现在父子亲情缺失的遗憾，包括你的小女儿，也会将亲情建立起来。

所以，人生的道路未来将朝哪个方向走，取决于你自己。

在接下来的几天里，不管是一个怎样的结果，你都要保持一种平和的状态。不要去逼着她做决定，你现在逼迫她，她只会告诉你，咱们离婚吧。

在这段时间，我们就持续地修炼心念，不要产生乱七八糟的想法，去读读《羊皮卷》《世界上最伟大的销售员》，还有《突围原生家庭》。这些都是修炼心境的书，你每天坚持戴耳机听一小时，你越听内心就越柔软，越听你的内心就越平和。坚持听下去，你的内心会非常喜悦，充满感恩。

你会感恩地面对你的客户，面对你的朋友。你会感恩地去迎接自己的每一天。

这种状态如果坚持两三个月，你会像完全换了一个人，心魔也不会滋生出来。

另外，她现在没有任何越矩的想法，她只是处于深深的恐惧之中。我也会和她找时间做一次连接。如果你能够调整得很好，我也非常有底气把你们的事情沟通好。我也会觉得我的这项工作很有价值。

以上，就是我今天要和你沟通的内容。

婷婷老公：谢谢老师，您说的我都记住了。麻烦您了老师，我好好学习，好好修炼。

沐晨老师与婷婷老公的第二次电话沟通（删减版）

老师：最近怎么样了，有没有和婷婷交流？

婷婷老公：我们只谈了工作，没有谈感情。我冒昧地问一句，她找您来和我沟通是不是有什么目的？

老师：没有，她没有委托老师来和你沟通任何事情。你是不是想全力以赴地挽救这个局面？

婷婷老公：我想挽回局面。现在她只和我打字，发语音，也不让我和闺女说一句话。

老师：你们原来发生矛盾吵架，有没有像这次这么严重过？

婷婷老公：这次的情况是，上一次我们吵架，我动了手。我也赔礼道歉了，也认错了，该做的什么都做完了。结果她哥哥嫂子还不依不饶。我就做了很极端的事情，开车把他们家的门撞坏了。

我和婷婷在一起7年，她的两个嫂子因为在农村没有活干，我就给安排到我们这里，一起干了6年的活。我觉得我和他们家里人也相处这么多年了，他们一点儿面子都不给我。

另外，我再说说我不让她和她那些朋友一起玩的事情。她的那些朋友，基本上都是离婚的，有外遇的或者即将离婚的。

我不让她和她那些朋友们一起玩，就是不想让人家家里人以为是婷婷从中间挑拨的。朋友之间正常的往来是可以的，但是如果别人带的男人不是自己的老公，而是其他的异性朋友，咱就尽量少参与这样的事情。她就说我考虑得太多。

老师，我一个70后，考虑的事情肯定要多一些。平时，我这些事说不出来，就是借着喝点酒，和她说说，她还不依不饶，双方互不相让，我们就吵了起来。另外，我骂人的事情，确实是我的口头禅，我已经改变很多了，现在基本改了90%以上了，到现在为止，我只剩下家暴这一条了。

7年前，我也是为了她和我前妻离婚的。当时，我帮助她很多，我比她大15岁，她是出于感恩才嫁给我的。

当时我看她孩子病了，又没有钱，已经到了山穷水尽的地步，我就拿了2万元帮助她，给孩子治病。她在镇上的化妆品店需要钱，我先借了她5000元，后来钱不够，我又去借钱。大家都知道我是做建筑工程的，有钱，所以不怕我还不上。于是，我又借了5万元给她，后来这些钱也都是我帮她还的。包括她哥哥、她嫂子，她们全家，我都帮了很多忙。

但是，她一点儿都不懂得感恩。她只认为她受伤了，我打她了，一点儿也不惦记我对她的好。

老师：嗯。

婷婷老公：这次，因为她哥一直在里边搅和，她妈妈也知道我们打架了，再加上她朋友从山东过来，我没招呼好。这几件事叠加到一起，她就走了。

老师：嗯。其实她这几次和我做连接，她把自从你们认识到现在，你对她、对她孩子做的一些事情都和我说了，她也能感受到你的确对她很好，要不然你们年龄差距这么大，她当初也不会嫁给你，给你生孩子，在一起七年。

她说你这个人平常是个很敞亮、很仗义，也很大方的一个人，你们身边的朋友，其实对你的评价都还相当不错。她自己也觉得你够义气，够意思。

你们在一起的这七八年，她都没的说，因为她这个人也是性格挺豁达的一个人，平时也是大大咧咧。在她的表达中，她心底里一直认为你对她非常好。

但是，从她的感受上来说，这七八年来，她觉得这不是普通意义上的两口子打架。她觉得这是严重的家暴，她非常恐惧。我不知道你们俩有没有深聊过，她的这种恐惧已经有四五年了。

婷婷老公：嗯。

老师：她在跟我表达的时候，她也能知道你对她好。当你不喝酒、不耍酒疯、不发脾气的时候，对她特别好。一旦你俩发生矛盾，她就觉得有致命的危险。

她说她现在真实的想法是，你们俩在一起，哪天矛盾激烈了，到时候你情绪不能控制了，把她胳膊、腿打断了，甚至发生人命，你们俩这一辈子就完了，孩子还那么小。她现在最大的心结就在这里。

听她说，上次你还拿酒精泼她身上，还要拿火点燃，她的脑子里一直都是这些可怕的令她恐惧的画面，这些画面让她不敢接近你。

另外，她觉得孩子慢慢也长大了，看到爸爸妈妈吵架，就变得很紧张。有一次，她去幼儿园接孩子，孩子想跟别的家长回家，跟谁都行，只要不回家就行。她那时突然意识到：孩子不愿回家，看到父母吵架对孩子来说是一个非常恐惧的信号。

你丈母娘一年大概来你们家一两回。她说你当着她妈妈的面，打过她好几次，她妈妈每次都担心得直哭，非常担心她。她现在就像一只受伤的小鸟，需要先找个安全的地方待着，熬过心理的过渡期。这就是她现在的真实感受。

婷婷老公：嗯。

老师：你找了很多人去劝她，别人一波一波地打电话给她，不接显得不礼貌，接了又一句不想聊。但是这些家里陈芝麻烂谷子的事，她能向谁说呢？她的这种恐惧别人理解不了。

她觉得你这个人挺好，仁义、仗义，对她也好，对她的家人也很好，就是害怕你们发生矛盾。她毕竟是个女性，她又打不过你。你们两个都很极端，万一出点事情，那个时候后悔都来不及。

她和我表达的意思是，她自己想先安静安静。她非常理解我们这些局外人的好意，但是她的这种恐惧还没有消除。她即使现在回去了，心里的恐惧没有彻底消除，哪一天她害怕了，还是会逃出来。

所以，我上次就建议你，不要逼她太紧，你不懂女性的心理。你不要再发消息骂她，威胁她。她把你之前骂她的微信截图发给我看过，你的语言特别粗俗，很多不忍直视。你这样逼她，她只会更加害怕。

我们现在都缓冲一下，文明交流，让她还能保留一些美好的感受，这样对你们后续的沟通协调都非常有帮助。

婷婷老公：嗯。

老师：她和我聊了很多你们这七八年相处的细节。早些年，她没有任何想离开你的想法，就是你骂她、打她，她都没想过要离开你。那时候，她主要是考虑你们两个都是二婚，年龄差那么大，亲戚朋友都不看好你们，她之所以忍着是不想让别人看笑话。现在她想明白了，到底是面子重要还是命重要。我说这个意思你能理解吧?

婷婷老公：嗯。

老师：她本来就是家里最小的，上面是几个哥哥。她从小就没挨过打。现在你隔一段时间就打她一顿，她父亲去世了，她母亲每次听了都要哭几天。她觉得自己的日子没过好，还把母亲害了。这就是她现在真实的状态，不过，现在的这种状态还蛮平静的，也没影响工作。你看，她该张罗的还张罗，该和客户联系的还在联系。

婷婷老公：哎呀，她现在就是忽悠我给她干活。

老师：你不能说她哄着你干活，人家说的也不是没有道理。她现在心理恐惧的这道坎一定要度过去。否则，你们两口子过日子，她心理老有芥蒂，这个日子怎么过得好?

婷婷老公：老师，你听我说一下，不是每次都是我先骂的。就算十次有八次是我先出口不逊的，也有一两次是她的错。男人喝酒，女人为啥非要逞能呢?

老师：这么讲吧，你们两个身上都有极端的情绪，否则你们俩也不可能走到一起。俗话说，不是一家人，不进一家门。但是你家暴的这个习性，你一定要调整，否则即使你们这次的事情过去了，今后的日子还是过不下去。

婷婷老公：家暴确实不对，但我控制不住自己。

老师：那根据你的想法，你觉得下一步会怎么样?

婷婷老公：她现在电话不接，微信语音也不回。我想看我姑娘，也不行。离婚是不可能的。她知道我的脾气，知道我会报复她。一旦离婚，她家里人也会站在我这边的。我给她家花过很多钱，她妈妈房子装修、弄地暖、热水器，这都是我花的钱。她家孩子来我家里玩，买吃的、喝的，买手机，都是我花的钱。

我们做生意也有赚有赔，她总打肿脸充胖子，我们请客吃饭我们掏钱，别人请客喊我们去她还掏钱。该她付的她去付，不该她付的她还去付。我一说她，她就生气。我除了打她这点不对，其他我做的都还可以。

老师：是，别的她觉得你都挺好，就是一发生矛盾，打人这个事情特别严重。

婷婷老公：打人这个事，也不能全怪我，她的脾气也不好。刚开始我不知道，后来才知道她脾气那么犟。老师，你帮我劝劝她，能回到我身边最好。如果她要离婚，我就要孩子。我不能让她得到孩子。我倒要看看，她的心有多硬。

老师：我觉得你们现在都处于比较激动的情绪中。

婷婷老公：老师，她如果回不到我身边，我现在连活着的勇气都没有。她现在发的抖音，把我败坏的一文不值，外人都知道了，没有一个不知道的。

我承认我有极端心理。我的极端心理，不是上两堂课就能解决的。

老师：你要考虑考虑孩子，你们现在的孩子还这么小，不管你们在一起也好，不在一起也罢。你作为父亲，应该想一想，怎样才是对孩子最好的？

婷婷老公：我必须把孩子要回来，现在我想见孩子都见不到。她天天给我孩子灌输，我不是好爸爸，给你换个爸爸吧。她说了很多这样的话。

老师：自从她跟我结缘之后，她没有这个念头。你要考虑今后怎样对你们孩子最有利，对孩子的成长环境最好。你们都不是20岁的孩子了，不能走极端。咱们都多大岁数了，不管怎么样，要先考虑孩子的感受。

咱们认识、连接，也是衷心地希望你们能够过得幸福。咱们这个年龄不能动那个念，不要想，如果不能在一起，就鱼死网破。

婷婷老公：再有两三年，我就50岁了，我怕啥？

老师：那你不能一辈子就耗在这个事情上了。

婷婷老公：我现在就等着法院给我传票，等着法院判我进监狱。她就是想让我因为家暴去坐牢。

老师：根据我和她的沟通，她没有这样的想法。我觉得从我和她连接一直到现在，她的变化挺大的。即便她现在不回来，她也不会动这样的念头：因为家暴的问题，她让法院给你判刑。

婷婷老公：现在派出所有这样一个案子。

老师：如果有这样的情况，她也是想和你谈一个条件，她绝对不会把你送进监狱。我觉得根据我这一段时间对她的了解，我觉得她这个人还是很正的。

婷婷老公：老师，她嘴上说的和心里想的不一样。

老师：老师我是这个岁数的人了，而且我本身就做心理咨询工作，我不会看谁的口才好，我看她的心。

你们本身走在一起就不容易。如果她有这个想法，她也是想跟你谈一谈条件，或者希望你有个保证，但是她绝对不会为了这个事情把你送进监狱。就算她现在不和你过了，她也不希望你过得更糟糕，你把她往积极的方向去想。

婷婷老公：她已经起诉了。

老师：她起诉也不是为了把你送进监狱。她不会，也做不出来这样的事情。我跟她连接几次，我都能理解她的感受，她在我这里学习的都是怎样与人为善，所以她不会有这个动念。你也不用任何猜疑，即便现在已经在走这个程序，她也是现在生气，在情绪里。如果你们真的在法庭对峙，她绝对不会要求给你判刑，她到时候一定会采取和解的方式。

人都是有感情的，即便她不想回来，也是她恐惧害怕，她还是希望你能更好。从你的角度，你也不希望她带着个孩子，流离失所过得不好。

婷婷老公：嗯。

老师：她没想着哄着你把活干完，就是因为我们做事情要有始有终。她生活中是个很敞亮的人，即便你们俩吵架，发生矛盾，别人家的装修活总是要干完。年底了，能收一些钱回来，就收些尾款回来，给工人发工资，结物料款。这就是她真实的想法。

你想她恐惧害怕，一个人带着孩子又不能回家，因为害怕她妈妈担心，又不能和她妈妈一起住。作为一个女人也挺难的。她现在早一天回来也罢，晚一天回来也罢。你的孩子不管走到哪里，和你分开多久，都是你的孩子，和你有血缘关系，这是谁也改变不了的。我说她不会和孩子说爸爸不好，倒不是说她故意做个好人，而是因为她知道这样做对孩子的成长最好。

她跟我学习的时间比你学习的时间长一些，她知道即使你们发生矛盾，也要给孩子建立一个相对健康的环境。虽然孩子现在没和爸爸在一起，也要给她留一个爸爸的好印象，留个好位置。这是对孩子成长最好的。

即使你们今后分开了，她也不能让孩子恨父亲，这是她脑中的一根弦。她和我学习完之后，她深刻地知道，不能让孩子的一生都活在对父亲的怨恨中。

所以，今后不管怎样，这个孩子绝对不会像你第一个孩子那样，不认你。这个孩子今后一定会和你做很棒的连接，除非你打孩子，导致孩子不敢见你。

我觉得你不要再用极端的语言和情绪和她沟通了，这样你们俩还有很好的修复空间，你要给她时间让她从恐惧中缓过来，你们未来还有更好的机会。

对于老师来讲，我们也是宁折十座庙，不毁一桩婚。在这段时间里，你要记住我和你说的话，咱们不要再顶着这种情绪上了，要让她感觉到你慢慢地越来越平和。

这一次咱们发自心底的调整，她的敏感度就会降低，她的恐惧感就会减弱，你要了解人的心理。咱们现在说的任何有情绪的话，对咱们这个事情都没有好处，我们要想想怎样平和地往前推进。你觉得我说的有没有道理？

婷婷老公：嗯。

老师：所以，我说咱们现在一动不如一静，咱们以静制动。咱们就先安安心心地把活干完。

两口子哪有不打架的，不要觉得人家发了一个抖音，就把你的名声破坏完了，不要有那么大的心理负担，不要太在乎面子，那样活得太累。

我了解你现在的心理，你其实也不用找那么多人去劝她。我觉得她现在这个状态，你这样做意义不大。我会通过和她沟通，让她慢慢地放松下来，以前美好的感觉和画面慢慢会回来，说不定那样会更好。

你和她就正常地沟通工作，要注意文明表达。咱们慢慢地去调整。只有这样，咱们才有机会。

你一定看过三国，咱们要学学司马懿，人家忍辱了那么多年，最后还是照样坐江山。小不忍则乱大谋，能成就大事的人，往往能忍常人所不能忍。

婷婷老公：这不马上过年了。我就想尽快把活干完，该收账的收账，该发的工资给人发了。我就想让她尽快回来，该怎么做，就怎么做。

老师：人家现在不是恐惧吗，回不来吗？你和她微信上可以正常沟通，反正工作方面你们的目标是一致的，就是尽快做完，尽快收款。你不要管她，早一天回来，晚一天回来又有什么影响呢？

另外，你着急也没用啊。你一着急，说话再难听一些，这件事反倒更糟糕了。你这边只要稳住，别捅娄子，我和她还能更好沟通。否则，你两句话上来，前面的沟通全白白浪费了。你们如果早几年和我连接上，你们的内心也不至于伤这么深。我这边和她沟通还是挺顺畅的，我也能随时给她解解压。她只要心情上放松一些，我就再给她做做疏通工作。

从你的角度，不要考虑面子的那些小事，不要动怒，不要动情绪，也不要给自己太大的压力，这些才是你最健康的生活方式。

婷婷老公： 她前两天发抖音，把我说的一文不值。

老师： 她发她的呗，那是她情绪的宣泄，咱们不用去做触发情绪的事情，这样，只会越描越黑。咱不用再想这件事，咱该干吗还是干吗。

婷婷老公： 我现在走投无路，就是希望她能回来。

老师： 你的心情我能理解。你不要犯浑，不要惹事。不管怎么样，都不用动手，这是男人的底线。我会撮合你们双方，降低她的恐惧，咱们平稳地向前推进。

婷婷老公： 老师，你回头能和她说说，让她回来过年吗？否则我真的是没脸见人了。

老师： 咱们也要共同往这个方向努力，你别再用极端的语言和行为刺激她了。

婷婷老公： 我可以用生命担保，如果我再有下次这个过激的行为，我啥也不说，立马净身出户。

老师： 好的，你的这个信息，我会带到。咱们有什么新的想法，也随时沟通。你也早点休息。

婷婷老公： 好的，谢谢老师。

后记

我亲爱的朋友，当你读到这里时，我们正在经历着一场波澜壮阔的生命体验。

此刻，我想请你试着问问自己:

如果你已提前了解到你要面对的人生，你是否还会有勇气前来?

面对未知的人生旅程，我们该如何凭借更深沉的爱与觉醒，点亮自己前行的路?

我们正置身于人类历史的转折点上，一个整体意识觉醒与升级的新时代正缓缓拉开序幕。在这个关键时刻，回归内心的纯真之爱，挣脱物质世界的枷锁，成为了通往真正幸福与爱的必经之路。

生命的价值，不应仅以物质的追求作为衡量标准；文明的飞跃，源于我们内在认知的深刻变革。唯有通过自我认知的升华，让爱与付出成为我们生活的导向，我们方能真正地觉醒，唤醒心中的爱与光芒。

人们往往难以跨越认知的边界去拥抱未知的世界，也无法仅凭物质的丰饶来定义文明的进步，更无法奢望仅凭物质的满足就能带来永恒的喜悦。唯有认知维度的跃升，唯有爱与奉献的力量，才能引领我们走向真正的觉醒。

如果有这样一个所在：它能够拓宽生命的长度，探索生命多样性的无限可能；它能帮助我们摒弃原有头脑的桎梏，打破传统教育的局限；它让我们了悟生命的贪婪与恐惧；引领我们发现内在的圆满与自足；它为人类安装上生命觉醒的罗盘，构建一个和谐共生、充满爱与慈悲、富足而充满爱意的新文明。这样的地方，您是否愿意一同前往?

我想答案是肯定的。

我愿:

每一个生命的诞生都能知其来意，找到回家的路；

每一个母亲在孩子出生时，都有能量给予母爱最高频的振动；

天下每一个渴望成功的人，都能了悟成功的真相、学会用付出成就自己；

每一个孩童都能开启生命的智慧，拥有属于真正的自我且有幸福的童年；

每一个临终的老人都能老有所养、老有所悟、向死而生、脱离痛苦；

每一个贫瘠的人都能拥有一颗富足的心，最终走向暇满人生；

每一个探索生命真相的人，都能成为爱的化身，回到生命的本源。

在这里，我们共同拓宽生命的视野，挑战自我极限，打破束缚，领悟生命的深层意义。在这里，我们共同面对内心的恐惧与贪婪，唤醒自我，让爱成为我们生活的基石。

如果你跟我一样，是一名教师，传播智慧和爱是你终生的信仰；

或者你是一名心理咨询师、心理爱好者，看见生命、陪伴生命、支持生命、唤醒生命是你矢志不渝的使命；

再或者你是位生命关怀的志愿者，致力于让生者觉醒，让终者得以解脱是你对生命最崇高的信仰。

让我们坚定地携手并肩，我将毫无保留地分享过去二十年中在生命唤醒、临终关怀、家庭修复、抑郁干预、厌学及休学辅导等方面的宝贵经验，全然地分享与你。

让我们坚定地携手并进，以爱与智慧点亮生命之光；愿我们都能感受到生命的力量，向内归因，带着觉知生活，活出真实的自我，实现心中的梦想。

最后，非常感谢在此书创作中默默支持我的朋友（排名不分先后，皆为我心中至珍）。

肖雅文、玄一老师、光子老师、刘朝阳、何海鹏、董清扬、王亚兰、王妈妈、王沐芯、刘须彪、马东敏、陈云、姜礼、司圣亚、马春侠、徐雯雯、赵艺萍、贾秀梅、潘晶、将振东、季懿、石东梅、潘利萍、黄兰萍、程佳仪、若木、李朝明、曹颖、高扬夫妻、贾男男、刘莺歌、博凯、刘晨阳、潘潘、赵亚稳、张天乐、郝静、王明、张仲君、杨亚美、王震、慧远、成长日记、张杰、海燕、王涛、一明来福、蔡凤一、肖金菊、汤楠楠、陈文庆、魏静、吴彦蓉、阿梅、慧心、方圆、茅莉、赵艺评、魏淑丽、洪明、本也末、田艳、韩媛、白丽、孙红岩、肖怀明、郭树美、欢乐每一天、赵兴珍、刘引齐、诗雅、王翠玲、命命、卢佳慧、何、张娟、慧悟、红曼、马素侠、晨晨、陌上花开、李培、小薇、棒棒棒糖、桂芳、赵艺琳、追梦、思雅、张春梅、雯雯友约、徐子淋、赵士才、琳雅、周祺善、李珍、梦想成真、王嘉祺、窦娜、刘洁、郭倩、魏巧灵、慧丹张丽娟、宿静优优、暖旋律、李霞、豆豆奶奶、东玲、sman潘潘、述鸣、晨阳牙齿美白修复芳芳、王艳梅、红色玫瑰、甜心、刘秋花、Kai、Heng ary、张敏、家庭教育心理咨询师梁老师、薛丹、悠悠、洋洋、蒋飒楠、朱军、白东梅、丽、悠悠女性成长、爱笑的鱼儿、高引利、张薇、李照阳、乔秀秀、李站、赵海本、杨婉、余梦静、菇凉也读书、晓涵、高靖、朱慧玲、王立荣、赵亚文、纪韵清、雨花石、常虎刚、都锦、刘涵瑜、李慧、李婉真、李秋侠、孙红英、沈诚博。

谢谢你们!

沐晨

图书在版编目（CIP）数据

向内归因：超越原生家庭　重构生命秩序 / 沐晨著. 北京：中国轻工业出版社，2025. 5. -- ISBN 978-7-5184-5226-2

Ⅰ. C913.11

中国国家版本馆CIP数据核字第2024HU2795号

责任编辑：罗雅琼　　责任终审：劳国强　　封面设计：刘博凯
策划编辑：罗雅琼　　责任校对：吴大朋　　责任监印：张京华

出版发行：中国轻工业出版社（北京鲁谷东街5号，邮编：100040）
印　　刷：北京君升印刷有限公司
经　　销：各地新华书店
版　　次：2025年5月第1版第1次印刷
开　　本：710 × 1000　1/16　印张：15.5
字　　数：300千字
书　　号：ISBN 978-7-5184-5226-2　定价：59.80元
邮购电话：010-85119873
发行电话：010-85119832　010-85119912
网　　址：http://www.chlip.com.cn
Email：club@chlip.com.cn

如发现图书残缺请与我社邮购联系调换
221778Y4X101ZBW